Xpert.press

T0105497

Die Reihe **Xpert.press** vermittelt Professionals
in den Bereichen Softwareentwicklung,
Internettechnologie und IT-Management aktuell
und kompetent relevantes Fachwissen über
Technologien und Produkte zur Entwicklung
und Anwendung moderner Informationstechnologien.

Toni Steimle

Softwareentwicklung im Offshoring

Erfolgsfaktoren für die Praxis

Mit 13 Abbildungen

 Springer

Toni Steimle
net4use GmbH
Binzstrasse 33
8620 Wetzikon
Schweiz
steimle@net4use.ch
www.net4use.ch

Bibliografische Information der Deutschen Nationalbibliothek
Die Deutsche Nationalbibliothek verzeichnet diese Publikation in der Deutschen
Nationalbibliografie; detaillierte bibliografische Daten sind im Internet über
http://dnb.d-nb.de abrufbar.

ISSN 1439-5428
ISBN 978-3-540-71045-5   Springer Berlin Heidelberg New York

Springer ist ein Unternehmen von Springer Science+Business Media

springer.de

© Springer-Verlag Berlin Heidelberg 2007

Satz: ptp, Berlin
Herstellung: LE-TEX, Jelonek, Schmidt & Vöckler GbR, Leipzig
Umschlaggestaltung: KünkelLopka Werbeagentur, Heidelberg
Gedruckt auf säurefreiem Papier   33/3180 YL   –   5 4 3 2 1 0

Inhaltsverzeichnis

1

Vorwort

1.1 Faszination Offshoring

Als ich vor einigen Jahren das Abenteuer Offshoring wagte, war ich fasziniert von dem Potential, das sich für ein kleines Software-Unternehmen bot: Indische Entwickler mit Hochschulabschluss waren zu einem Stundensatz von 10 Euro verfügbar. Viele meiner damaligen Vorstellungen musste ich aber später über Bord werfen. Mein Enthusiasmus machte einer differenzierteren und zuweilen auch kritischen Sicht auf das Unterfangen Offshoring Platz. Offshore-Projekte erfolgreich umzusetzen ist sehr risikoreich. Es gibt keine Patentrezepte. Ziel dieses Buches ist es, die bestehenden Risiken aufzuzeigen und Werkzeuge zu vermitteln, um diesen Risiken zu begegnen. Somit ist dieses Buch keine Werbung für Offshoring.

Ich bin überzeugt, dass in einer zunehmend „flachen Welt"[1] die Fähigkeit, global zu agieren, zu einem entscheidenden Wettbewerbsfaktor wird. Die Ergebnisse von Wissensarbeitern können zu vernachlässigbaren Transportkosten ausgetauscht werden. Wir stehen erst am Anfang einer neuen „globalen Dienstleistungsrevolution", die unsere Arbeitsweise massiv verändern wird.

1.2 Was sind die Inhalte dieses Buches?

Dieses Buch fokussiert offshore-spezifische Aspekte des Software Engineering. Es beleuchtet den gesamten Entwicklungsprozess von der Vorbereitung für das Offshoring, der Auswahl des Projektes, der Erarbeitung der

---

[1] Thomas L. Friedman: „The World Is Flat: A Brief History of the Twenty-first Century", Farrar, Straus and Giroux, 2005

Spezifikation, der Definition des Vertrages, der Auswahl des Lieferanten, über die Projektorganisation bis zur Abnahme der Software.

Dieses Buch beschränkt sich auf die Thematik Offshore-Outsourcing, also auf die Zusammenarbeit mit Software-Unternehmen in Niedriglohnländern. Es wird gezeigt, wie sich ein potentieller Auftraggeber auf das Offshore-Outsourcing vorbereiten kann, welche Voraussetzungen notwendig sind und welche konkreten Erfolgsfaktoren berücksichtigt werden müssen. Software-Engineering-Grundkenntnisse werden vorausgesetzt.

Viele der in diesem Buch dargestellten Argumente werden anhand einer realen Fallstudie illustriert.

1.3 An wen richtet sich das Buch?

Das Buch richtet sich primär an involvierte Personen kleinerer und mittlerer Projektteams, für die eine Verlagerung der Software-Entwicklung in ein Niedriglohnland in Frage kommt und die eine Zusammenarbeit mit Offshore-Softwareunternehmen suchen (Offshore-Outsourcing). Es richtet sich an Projektmitarbeiter, Projektleiter und Manager von Softwareprojekten. Dem Manager, der nur einen Überblick über das Thema will, empfehle ich die Kapitel „Lohnt sich Offshoring?", „Was sind die Voraussetzungen für Offshoring?", „Der Vertrag" und „Offshore-Entwicklung im Überblick" am Schluss des Buches. Allen anderen empfehle ich natürlich die Lektüre des ganzen Buches. In diesem Buch wird aus Gründen der einfacheren Lesbarkeit auch dort die männliche Form benutzt, wo beide Geschlechter gemeint sind. Die Leserin möge dies zu entschuldigen.

1.4 Danksagung

Ich bin vielen Freunden und Kollegen zu großem Dank verpflichtet. Viele intensive und lange Gespräche führte ich mit Dr. Hilmar Brunn. Mein Freund Peter Arrenbrecht gab mir fortwährend Feedback und Mut. Das Buch wurde aber erst durch meinen Freund und Partner Martin Bachmann ermöglicht. Die meisten Erfahrungen, die zu den hier dargestellten Erkenntnissen führten, haben wir gemeinsam durchlebt. Besonders viele Hinweise erhielt ich auch von Michael Richter. Meine Kollegen Andrea Hofer, Christoph Rüegg, Florian Roth, Simon Niederberger und Dany Wyss haben mir Feedback oder Hinweise gegeben. Natürlich danke ich auch meiner Frau Rahel Steimle, dem Springer-Verlag und insbesondere Hermann Engesser für die Unterstützung.

2

Einleitung

Generell bezeichnet der Begriff Offshoring die Verlagerung unternehmerischer Funktionen und Prozesse ins Ausland. Industrielle Produktionsprozesse werden schon lange ins Ausland verlagert, dies ist also grundsätzlich nichts Neues. Zunehmend wird aber auch die Erbringung von Dienstleistungen, insbesondere die Entwicklung von Software verlagert. Früher war es zwingend, dass Dienstleistungen am selben Ort erstellt wie auch „konsumiert" wurden. Der technische Fortschritt hat dies grundlegend verändert. Immer mehr Dienstleistungen setzen keinen direkten persönlichen Kontakt zwischen Produzent und Konsument mehr voraus.

Die Verlagerung der Erbringung von Dienstleistungen ins Ausland ist durch günstigere Rahmenbedingungen im Offshore-Land begründet, insbesondere bei den Arbeitskosten und der Verfügbarkeit von Ressourcen. Damit grenzt sich Offshoring von Outsourcing ab, welches die Auslagerung von Prozessen und Funktionen aus einem Unternehmen bezeichnet. Mit Offshoring kann also auch die Gründung eines ausländischen Tochterunternehmens oder eines Joint Ventures bezeichnet werden.

Oft wird zwischen Offshoring und Nearshoring unterschieden. Aus Europäischer Sicht wird mit Nearshoring die Verlagerung ins nähere Ausland, also vorwiegend nach Osteuropa bezeichnet, während mit Offshoring die Verlagerung in weiter entfernte Produktionsstandorte gemeint ist. In diesem Buch wird nicht zwischen Offshoring und Nearshoring unterschieden. Ob Projekte nearshore oder offshore umgesetzt werden, hat kaum Einfluss auf die Erfolgsfaktoren.

Offshoring wird im IT-Bereich meist mit der Verlagerung nach Indien gleichgesetzt. Indien ist mit 60% Marktanteil tatsächlich nach wie vor der wichtigste Produktionsstandort von Offshore-Dienstleistungen.

2.1 Zwei Beispiele: Bison und Netcetera

Welche Überlegungen bewegen westeuropäische Unternehmen, offshore Software zu entwickeln, und welche halten sie davon ab? Welche Bedeutung hat Offshoring für die hiesigen Nachfrager?

Da ist beispielsweise die Firma Netcetera, ursprünglich eine typische Webagentur, die relativ früh erkannte, dass sich Internettechnologie nicht grundsätzlich von anderen Software-Technologien unterscheidet. Ihr gelang es, zu einem anerkannten Schweizer Software-Engineering-Unternehmen zu werden. Netcetera beschäftigt heute 100 Mitarbeiter, 30 davon in Mazedonien. Die offene Art, in der dies kommuniziert wird, ist eher ungewöhnlich. Noch immer gilt es als unvorteilhaft, seine Kunden aktiv über Offshore-Aktivitäten zu informieren. Netcetera begann seine Offshore-Offensive schon 2001. Bekanntschaften vor Ort machten den Start einfacher und so gründete Netcetera ein eigenes Unternehmen in Mazedonien, das heute 35 Mitarbeiter umfasst.

Im Jahr 2001, in dem sich Netcetera auf die Suche nach einem Offshore-Partner machte, war die Auftragslage für das Unternehmen gut. Jedoch konnten kaum qualifizierte Mitarbeiter gefunden werden. Insgesamt ist Netcetera mit dem Offshore-Vorhaben sehr zufrieden. Obwohl ursprünglich weniger die Kostenvorteile im Vordergrund standen, spart Netcetera zwischen 10-30% der gesamten Projektkosten ein. Die wesentlich höheren Lohneinsparungen werden durch zusätzliche Kommunikationskosten allerdings weitgehend kompensiert.

Netcetera ist ein typisches Software-Entwicklungsunternehmen, welches mit großen Nachfrageschwankungen nach Personal konfrontiert ist. Dies ist bei einem produktorientierten Unternehmen wie Bison meist anders. Trotzdem hat sich Bison, ein Anbieter von ERP-Produkten für den Handel und Produktionsbetriebe, für Offshoring entschieden. Bison zählt zu den führenden Schweizer IT-Unternehmen mit insgesamt 4 Niederlassungen in der Schweiz und in Deutschland. Bison beschäftigt über 340 Mitarbeiter und erzielte im Jahr 2006 einen Umsatz von 62 Millionen Schweizer Franken. Bison ist an einer Offshore-Firma in St. Petersburg beteiligt. Um diesen Partner zu finden, hat Bison eine Firmenevaluation in Indien, St. Petersburg und Kiev durchgeführt. Das Preis-/Leistungsverhältnis der Firmen in St. Petersburg überzeugte am meisten. Bison startete vor zwei Jahren eine Offshore-Initiative. Inzwischen beschäftigt Bison 15 Mitarbeiter und Mitarbeiterinnen in St. Petersburg und will dort sein Engagement stark ausbauen.

Immer wieder kommen Mitarbeiter aus St. Petersburg für 3 Monate in die Schweiz. Diese geben in Russland ihr Wissen an ihre Kollegen weiter.

Auch Schweizer Mitarbeiter besuchen die Partnerfirma in Russland. Bison erachtet diesen Austausch als sehr wichtig.

Das wesentliche Argument für das Offshoring war der Mangel an geeigneten Entwicklern in der Schweiz. Ein weiteres wichtiges Argument waren für Bison die geringeren Kosten.

Eine der größten Herausforderungen betraf die Angst der Schweizer Mitarbeiter vor einem Stellenverlust. Es handelte sich jedoch um einen Ausbau und nicht um eine reine Verlagerung.

Außerdem musste vieles auf Englisch umgestellt werden. Inzwischen gibt es auch eine Person in Sankt Petersburg, die sehr gut Deutsch spricht.

Bison ist mit der Zusammenarbeit sehr zufrieden. Die Qualität der Ergebnisse beurteilt Bison verglichen mit denen seiner Schweizer Niederlassung als gleichwertig.

2.2 Wer entscheidet sich aus welchem Grund für Offshoring?

Eine sorgfältig durchgeführte Studie der Deutschen Bank aus dem Jahr 2005[1], welche den Offshore-Markt in Deutschland und der Schweiz untersuchte, zeigt, dass Netcetera und Bison durchaus zu den typischen Repräsentanten von Offshore-Nachfragern gehören. Offshoring ist keine exklusive Angelegenheit von Großunternehmen. Ganz im Gegenteil. Drei von fünf Unternehmen, die offshore tätig sind, haben weniger als 100 Mitarbeiter. Dieses Ergebnis bestätigt sich auch in den Ausgaben, welche für Offshoring-Dienstleistungen erbracht werden.

Zwei Drittel der befragten Unternehmen mit Offshore-Aktivitäten geben dafür pro Jahr weniger als 500 000 Euro aus. Wenig überraschend erwarten zwei von drei Unternehmen einen starken Anstieg dieser Offshoring-Ausgaben in den nächsten Jahren.

Sowohl Netcetera als auch Bison geben die Verfügbarkeit von qualifizierten Ressourcen als wichtigsten Grund für Offshoring an. Auch diesbezüglich zeigt die Studie das gleiche Ergebnis. Das wichtigste Entscheidungskriterium ist die Verfügbarkeit von Ressourcen, erst dann folgt das Kostenargument.

Netcetera und Bison sind mit ihren Offshoring-Erfahrungen zufrieden; dies trifft auch für zwei Drittel der in der Studie befragten Unternehmen zu, die Offshoring-Leistungen nachfragen.

---

[1] Schaaf, Jürgen und Weber, Mathias (2005). Offshoring-Report 2005: Ready for Take-off. Economics Nr. 52. Deutsche Bank Research.

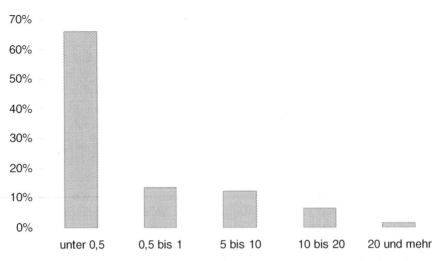

70%

60%

50%

40%

30%

20%

10%

0%

       unter 0,5   0,5 bis 1   5 bis 10   10 bis 20   20 und mehr

Abb. 1 Anteil der Unternehmen mit Offshoring-Ausgaben pro Jahr in Millionen Euro. Quelle: Deutsche Bank Research, Offshoring Report 2005.

2.3 Herausforderungen

Doch was sind aus Sicht der in der Studie befragten Unternehmen die größten Herausforderungen im Offshoring? Dies ist eine für dieses Buch zentrale Frage.

Diejenigen befragten Unternehmen, die bereits Offshoring-Erfahrung hatten, bezeichneten den Umgang mit Änderungen während des Projekts und den Aufbau einer partnerschaftlichen Beziehung als die größten Herausforderungen. Als etwas weniger bedeutsam sahen die Unternehmen die Gefahr, dass das Know-how nicht im eigenen Unternehmen verbleibt und damit verknüpft eine zunehmende Abhängigkeit vom Offshore-Partner. Den negativen Imagewirkungen des Offshoring wurde in diesem Zusammenhang die geringste Bedeutung zugemessen.

Dieses Buch beschreibt mögliche Erfolgsfaktoren zur Bewältigung der genannten Herausforderungen.

2.4 Literaturhinweise

Besonders interessant und sorgfältig erarbeitet sind die Offshoring-Studien der Deutschen Bank Research. Die Deutsche Bank Research bearbeitet das Thema Indien als Schwerpunkt in ihren Untersuchungen:

Schaaf, Jürgen und Weber, Mathias (2005). Offshoring-Report 2005: Ready for Take-off. Economics Nr. 52. Deutsche Bank Research.

Meyer, Thomas (2006). Offshoring an neuen Ufern: Nearshoring nach Mittel- und Osteuropa. Economics Nr. 58. Deutsche Bank Research.

Schaaf, Jürgen (2005). Outsourcing nach Indien: der Tiger auf dem Sprung. Aktuelle Themen Nr. 335. Deutsche Bank Research.

Die Webseite der Deutschen Bank Research, auf der alle Artikel als Präsentationen bezogen werden können, findet sich unter: www.dbresearch.de.

3

Offshoring im Fallbeispiel

3.1 Ausgangslage

In diesem Buch werden viele Argumente anhand einer realen Fallstudie illustriert. Im Zentrum der Fallstudie[1] steht die Firma Travelware und ihre Standardsoftware „Magellan".

Travelware ist ein Schweizer Softwareunternehmen mit 15 Mitarbeitern, das verschiedene Softwareprodukte für Reisebüros in der Schweiz und Österreich herstellt und vertreibt. Von den 15 Mitarbeitern arbeiten nur drei in der Softwareentwicklung, die anderen sind im Produktmanagement, Support und Vertrieb tätig.

Travelware hatte im Jahr 2005 mit seiner Auftragsbearbeitungssoftware unter dem Produktnamen „VascoDaGama" im Markt der Schweizer Reisebüros einen Marktanteil von rund 40% erlangt. Das Produkt basiert auf einer Client-Server-Architektur und war 2005 neun Jahre alt. Zu den Kunden von VascoDaGama gehörten sowohl große Reisebüroketten mit über 1000 Benutzern als auch kleine Einzelbüros. Die Software zeichnete sich durch eine über die Jahre gewachsene, bemerkenswerte Funktionsvielfalt und entsprechende Komplexität aus. Um die Software benutzen zu können, war eine Schulung von drei Tagen notwendig. Zum Zeitpunkt der Produktlancierung von VascoDaGama war jedoch der Feature-Umfang das entscheidende Kaufkriterium.

Inzwischen sind die Reisebüros durch das Internet stark unter Druck geraten. Ihre Kunden buchen mehr und mehr direkt über das Internet, anstatt in ein Reisebüro zu gehen. Die Reisebüros reagieren daher zunehmend kostensensitiv. Für die Anbieter von Standardsoftware für Reisebüros wird

---

[1] Alle Namen wurden geändert.

es zu einem entscheidenden Wettbewerbsfaktor, ein günstiges Produkt anbieten zu können.

3.2 Entwicklung eines neuen Produktes

Vor dem Hintergrund einer etwas in die Jahre geratenen Softwarelösung und einem veränderten Marktumfeld entschied sich Travelware, ein neues rein web-basiertes Produkt zu entwickeln, das Magellan heißen sollte.

Mit Magellan würden vor allem kleinere Reisebüros angesprochen werden. Magellan wurde demzufolge so konzipiert, dass es geringe Gesamtkosten verursacht. Folgende Maßnahmen sollten dies sicherstellen:

- Man wollte bewusst auf nicht rentable Kundengruppen verzichten. Dies erlaubte eine Limitierung auf die wichtigsten Funktionalitäten.

- Es sollten geringere Möglichkeiten, die Applikation den individuellen Abläufen des Reisebüros anzupassen, vorgesehen werden.

- Das Produkt sollte einen geringen Lern- und Supportaufwand verursachen.

- Die Distribution mittels eines Web Clients sollte grundlegend vereinfacht werden.

- Durch eine saubere und zeitgemäße Architektur sollten geringe Wartungskosten möglich sein.

- Durch die Zusammenarbeit mit einem Offshore-Lieferanten sollten die Herstellungskosten reduziert werden.

Travelware war sich bewusst, dass die rasche Realisierung dieses Projektes mit den bestehenden Mitarbeitern nicht möglich war. Mit dem Projekt sollte die Grundlage für eine langfristige Zusammenarbeit mit einem Offshore-Outsourcing-Partner gelegt werden, der auch den weiteren Ausbau und die Wartung der Software übernahm. Schließlich setzte Travelware in das neue Produkt große Hoffnungen.

3.3 Der erste Versuch

Es wurde einer der Mitarbeiter mit der Evaluation von potentiellen Lieferanten aus Indien beauftragt. In Internetrecherchen wurden zahlreiche mögliche Lieferanten ausgewählt und mit einem Fragebogen angeschrieben. Die Antworten wurden ausgewertet und sechs mögliche Lieferanten wurden evaluiert. Der mit der Evaluation beauftragte Mitarbeiter reiste nach Indien und besuchte die Unternehmen, um sich vor Ort selbst ein Bild zu machen. Nach einer internen Präsentation seiner Ergebnisse wurde eines der Unternehmen in die Schweiz eingeladen. Es handelte sich um ein Offshore-Unternehmen mit 400 Mitarbeitern aus Trivandrum und einem Vertriebspartner in London.

Man einigte sich auf ein Testprojekt, bei dem drei Entwickler für einen Monat in die Schweiz eingeflogen wurden. Sollte Travelware nach einem Monat mit der Leistung nicht zufrieden sein, müsste es nur für die Reisespesen und die Hälfte der Kosten der Mitarbeiter aufkommen.

Schon nach einem Monat wurden die neuen Mitarbeiter erwartet. Es wurden verschiedene Arbeitspakete vorbereitet und zum Beginn des Projektes übergeben. Die Offshore-Mitarbeiter sollten die vorbereitete Aufwandsschätzung der Arbeitspakete validieren. Die Arbeitspakete sollten anschließend selbständig bearbeitet werden. Natürlich stand ein interner Mitarbeiter, der an den bestehenden Prototypen gearbeitet hatte, für Fragen zur Verfügung.

In wöchentlichen Statusberichten informierten die drei Mitarbeiter die Projektleitung bei Travelware und bei ihrem Offshore-Unternehmen über den Projektfortschritt. Die Projektleitung zeigte sich aufgrund der Statusberichte zuversichtlich, dass die Aufgaben wie geplant umgesetzt werden könnten. Code Reviews, welche die Statusberichte der Mitarbeiter überprüft hätten, wurden zu diesem Zeitpunkt nicht durchgeführt.

3.4 Ergebnisse des ersten Versuches

Obwohl die drei neuen Mitarbeiter nur ein schwer verständliches Englisch sprachen, wurden sie von den Travelware-Mitarbeitern unkompliziert aufgenommen. Sie waren überrascht von der informellen Arbeitsweise und Umgang. Wie sie mehrmals unterstrichen, waren sie es offenbar nicht gewohnt, so stark in die Entscheidungsfindung von Lösungsansätzen einbezogen zu werden, wie dies in der Firma Travelware üblich war. Sowohl die ungewohnte Unternehmenskultur, die eine sehr hohe Eigenverantwortung voraussetzte, als auch die ungewohnten Abläufe waren wohl Gründe für eine viel zu positive Einschätzung des Gesamtaufwandes wie auch des Zwischenstandes. So musste die Projektleitung nach Ablauf des einmonatigen Testprojektes erstaunt feststellen, dass die Projektziele in keiner Weise erreicht wurden. Ein weiteres Testprojekt mit einer ähnlichen Form der Zusammenarbeit scheiterte ebenfalls.

3.5 Der zweite Versuch

Trotz der bisherigen Erfahrungen entschloss sich Travelware zu einem weiteren Versuch. Diesmal sollte vieles anders gemacht werden. Es wurde eine Spezifikation des gesamten Projektes angefertigt und sowohl das bisherige wie auch ein weiteres Offshore-Unternehmen für die Fertigstellung des Projektes um eine Festpreis-Offerte angefragt. Das Angebot des neuen Offshore-Partners war wesentlich interessanter und so entschied man sich für einen neuen Partner mit einem neuen Vorgehen. Der neue Partner beschäftigte 80 Mitarbeiter und hatte seinen Sitz in der Nähe von Mumbai. In dem neuen Versuch wollte Travelware bewusst den neuen Partner nicht durch seine eigene Unternehmenskultur beeinflussen und plante daher einen weiteren Besuch erst für einen späteren Zeitpunkt ein. Alle Vertragsverhandlungen zum Festpreisvertrag wurden über Chat geführt. Travelware wurde rasch mit dem neuen Offshore-Unternehmen einig und das Projekt konnte gestartet werden.

3.6 Ergebnis des zweiten Versuches

Nach zwei Monaten wurde eine erste Teillieferung in einem internen Code Review überprüft. Der Review deckte zahlreiche grundlegende Mängel auf. Der Lieferant versprach Besserung. Doch blieben die Mängel trotz erheblicher Lieferverzögerungen bestehen. Funktional kam es zwar nach etlichen Nachlieferungen zu einer ordentlichen Abnahme, jedoch zeigten sich während der Produkteinführung immer stärker die Auswirkungen der unzureichenden Architektur, welche Travelware zu einer erneuten, grundlegenden Überarbeitung des Codes zwang. Später besuchte das Management des Offshore-Partners Travelware und allgemein wurden die Erfahrungen ausgetauscht und mögliche Konsequenzen definiert.

3.7 Lessons Learned

In der Folge wird in diesem Buch immer wieder auf die obige Fallstudie eingegangen. Ich habe bewusst ein Projekt ausgewählt, bei dem viele Probleme beobachtet werden können. An einem solchen Projekt lassen sich Risiken, Erfolgsfaktoren und mögliche Vorsichtsmaßnahmen natürlich wesentlich besser veranschaulichen als an einem Projekt, bei dem alles ohne Schwierigkeiten verlaufen ist.

Wie stehen Auftraggeber, also Travelware, und Auftragnehmer heute im Rückblick zu den gemachten Erfahrungen? Um einen Einblick in die Überlegungen zu ermöglichen, führte ich mit der Unternehmensleitung beider Firmen ein Interview.

3.7.1 Interview mit dem Offshore-Lieferanten

Buchautor:
Um gleich auf den Punkt zu kommen – wenn Sie die Zeit vier Jahre zurückdrehen könnten, was würden Sie in der Zusammenarbeit mit Travelware anders machen?

Offshore-Lieferant:
Ich würde sehr viel mehr klären, was die langfristigen Ziele und Erwartungen von Travelware sind.

Buchautor:
Warum?

Offshore-Lieferant:
Damit wäre rasch deutlich geworden, dass die bestehende Architektur der Software ungenügend war. Wir hatten zwar darauf hingewiesen, aber zu wenig darauf bestanden, die Architektur zu ändern. Zudem hätte es erlaubt, die Ressourcen besser zu planen und auszuwählen. Wahrscheinlich wäre es auch sinnvoll gewesen, von Anfang an einen Wartungsvertrag zu vereinbaren.

Buchautor:
Travelware ist davon ausgegangen, dass Sie für die Architektur verantwortlich sind und die richtige Architektur wählen. Was hätte es gebraucht, dass es nicht zu einem derart grundsätzlichen Missverständnis gekommen wäre?

Offshore-Lieferant:
Travelware hat uns während der Evaluationsphase besucht. Dabei war aber das konkrete Projekt, welches umgesetzt werden sollte, noch nicht bekannt. Es wäre wohl wichtig gewesen, dass zum Projektstart nochmals ein Besuch stattgefunden hätte. Dort hätten dann die grundsätzlichen Rahmenbedingungen ausdiskutiert werden können. Zudem hätte er eine wichtige Vertrauensbasis gelegt.

Buchautor:
Wer hätte am Besuch teilnehmen sollen?

Offshore-Lieferant:
Entweder der Projektleiter hätte im Projekt von der Geschäftsleitung die Kompetenz erhalten sollen, die wichtigen Entscheidungen fällen zu dürfen, oder aber der Geschäftsleiter hätte auch anwesend sein müssen.

Buchautor:
Wenn Sie Travelware einen Ratschlag für zukünftige Offshore-Projekte erteilen könnten, wie würde dieser aussehen?

Offshore-Lieferant:
Travelware sollte sich mehr auf seine eigenen Stärken konzentrieren und dem Lieferanten die technischen Entscheidungen überlassen.

Buchautor:
Eine ganz andere Frage. Es wird oft behauptet, dass die guten Entwickler entweder rasch in Managementpositionen befördert werden oder sich nur bei den großen, renommierten Unternehmen bewerben. Ist es denn für kleinere Auftraggeber überhaupt möglich gute Entwickler zu beschäftigen?

Offshore-Lieferant:
Auf jeden Fall. Es gibt viele gute Entwickler, genau wie in Europa auch, die die Vorteile kleinerer Arbeitgeber schätzen und die keine Management-Karriere wollen. Durch telefonische Interviews können gute Entwickler evaluiert werden.

Buchautor:
Vielen Dank für das Gespräch.

3.7.2 Interview mit Travelware

Auf der anderen Seite habe ich ein kurzes Interview mit dem Geschäftsführer von Travelware geführt.

Buchautor:
Sie haben nun seit einigen Jahren Erfahrungen in verschiedenen Offshore Projekten. Gemäß einer Studie der Deutschen Bank sind zwei Drittel der Unternehmen, die Offshoring betreiben, damit zufrieden. Was sind Ihre Erfahrungen?

Travelware:
Es gibt noch viel zu verbessern. Ich sehe jedoch nach wie vor ein großes Potenzial und eine Notwendigkeit, auch als kleineres Unternehmen auf Offshore-Entwicklung Zugriff zu haben. Den ganz idealen Partner haben wir offshore noch nicht gefunden. Ich glaube aber, für bestimmte Projekte und unter bestimmten Umständen erfolgreich offshore outsourcen zu können.

Buchautor:
Wie in diesem Buch dargestellt wurde, haben Sie viel Aufwand getrieben um den richtigen Partner zu finden. Sie waren sogar vor Ort und haben verschiedene Unternehmen besucht. Was lief schief?

Travelware:
Klappt es menschlich, klappt es auch technisch. „Menschlich" bedeutet für mich dabei den Wunsch nach Transparenz, Klarheit und Fairness. Das hat in unseren Projekten nicht gut geklappt.

Buchautor:
Sie meinen, Sie hätten bei der Evaluation der Partner zu wenig auf den menschlichen Faktor geachtet?

Travelware:
Ja, und als Folge davon haben unsere Partner uns nicht die Ressourcen zur Verfügung gestellt, die wir gebraucht hätten. Das Management der Partner war menschlich und technisch das, was wir wollten. Die uns dann effektiv zugeteilten Ressourcen leider nicht.

Buchautor:
Wenn Sie das Rad nochmals 4 Jahre zurückdrehen könnten – was würden Sie sonst noch anders machen?

Travelware:
Ich würde längerfristig planen, klarer Abbruchkriterien in Bezug auf den
gewählten Partner definieren und nicht mit einem kritischen Projekt starten.

Buchautor:
Vielen Dank für das Gespräch.

Schon aus den kurzen Schilderungen werden einige großen Herausforderungen, welche Offshore-Projekte mit sich bringen, deutlich. Im weiteren
Verlauf werden daher immer wieder Risiken und daraus abgeleitete Maßnahmen und Erfolgsfaktoren anhand dieses Fallbeispiels erläutert.

4

Lohnt sich Offshoring?

Aktuell sind auf dem westeuropäischen Arbeitsmarkt faktisch keine qualifizierten Entwickler mehr verfügbar. Der Wettbewerb am Arbeitsmarkt hat sich erneut verschärft. Ist Offshoring für kleinere Unternehmen und kleinere Projekte eine Lösung für dieses Dilemma? Um diese Frage zu beantworten, wenden wir uns den Chancen, den Kosten und den Risiken von Offshoring zu.

4.1 Nutzen und Chancen von Offshoring

Welche Vorteile bietet Offshoring kleineren und mittleren Unternehmen?

4.1.1 Kostenvorteile

Die Reduktion von Kosten gehört neben der Verfügbarkeit von Ressourcen zum wichtigsten Beweggrund für Offshoring.

Einerseits resultieren die Kostenvorteile aus geringeren Lohn- und Nebenkosten. Wie hoch die Lohnunterschiede wirklich sind, zeigt eine Studie von Gartner, welche die Kosten von Software-Ingenieursleistungen vergleicht (siehe Abb. 2). Die direkten Lohnkosten von Ingenieuren aus Indien machen gerade mal 13% der Lohnkosten von Ingenieuren in Deutschland oder den USA aus.

Andererseits profitieren gerade kleinere Auftraggeber von den Größenvorteilen und der Spezialisierung des Lieferanten (Economies of Scale, Economies of Scope), welche es dem Lieferanten erlauben, die Dienstleistungen

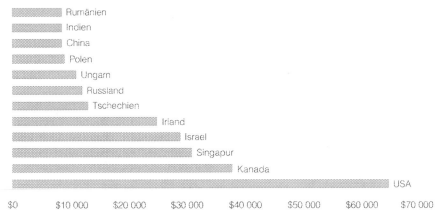

Abb. 2 Durchschnittliche jährliche Lohnkosten für Software-Entwickler im Jahr 2004. Quelle: Gartner 2005.

zu geringeren Gesamtkosten anzubieten. Der Unterhalt eines größeren Ressourcenpools erlaubt ihm, einen besseren Auslastungsgrad zu erreichen. Zudem kann einmal aufgebautes Know-how in unterschiedlichen Projekten eingesetzt werden.

Neben Kosteneinsparungen erlaubt die Zusammenarbeit mit Offshore-Partnern eine im Vergleich zu interner Leistungserbringung besseren Kostenkontrolle und eine höhere Transparenz über die laufenden IT-Kosten. Offshore-Partner stehen im Gegensatz zu internen Teams in stärkerem Wettbewerb mit anderen Anbietern.

Neben Kosteneinsparungen und besserer Kostenkontrolle erlaubt Offshoring eine Fixkostenumwandlung. Mithilfe des Offshorings kann der Fixkostenanteil der Leistungserbringung unter Umständen deutlich gesenkt werden. Natürlich hängt dies von der Ausgestaltung der konkreten Zusammenarbeit ab.

4.1.2 Strategische Argumente

Gerade kleinere Unternehmen sind mit einem schwankenden Bedarf an eigenen Ressourcen konfrontiert. Sie können wenig flexibel auf Projektanfragen reagieren. Outsourcing erlaubt, kurzfristig und projektspezifisch Ressourcen aufzubauen.

Die erhöhte Ressourcen-Flexibilität kann auch einen Einfluss auf den Zeitpunkt des Markteintritts haben. Unter Umständen hilft die Fremdvergabe, die Time to Market weiter zu verringern.

Allenfalls gehört die Entwicklung von Software nicht zu den eigentlichen Kernkompetenzen des Unternehmens. So erlaubt die Fremdvergabe von Informatik-Dienstleistungen eine Fokussierung auf das Kerngeschäft.

Neben der Erhöhung der Flexibilität, der Verkürzung der Time to Market und der Konzentration auf das Kerngeschäft bietet der Transfer von Risiken auf den Offshoring-Partner wichtige strategische Chancen. So erlaubt die Vertragsgestaltung Regeln zur Kostenüberschreitung, Lieferverzögerung und qualitativen Mängeln, die den Lieferanten zur Übernahme von Risiken zwingen.

4.1.3 Qualitative Argumente

Kleinere Softwareunternehmen haben einen limitierten Pool an eigenem Know-how. Outsourcing erlaubt ihnen einen spezifischen Zugriff auf zusätzliches technisches und methodisches Know-how von externen Lieferanten.

Gerade die für den Erfolg von Offshoring notwendige Einführung eines standardisierten Software-Entwicklungsprozesses hat Auswirkungen auf die generelle Qualität der Projektergebnisse.

Diesen Nutzen und Chancen stehen erhebliche Kosten und Risiken gegenüber. Um diese geht es in den folgenden beiden Abschnitten.

4.2 Kosten von Offshoring

Im Zentrum der Kosten stehen die Auswahl von Lieferanten und der Aufbau einer Vertrauensbeziehung sowie die Übertragung von Know-how.

4.2.1 Auswahl des Lieferanten

Bei der Auswahl von Lieferanten fallen unter anderem Besuche im Ausland, die Durchführung von Assessments von potentiellen Mitarbeitern, die Durchführung von Testprojekten, die unter Umständen abgeschrieben werden müssen, und die Führung aufwändiger Vertragsverhandlungen ins Gewicht. Diese Kosten sind eine von der Projektgröße praktisch unabhängige Vorinvestition, die auf mehrere Projekte verteilt werden kann.

4.2.2 Führung des Lieferanten

Um Lieferanten zu führen, müssen auf unterschiedlichen Führungsebenen
Beziehungen hergestellt und gepflegt werden. Der Aufbau einer partnerschaftlichen Beziehung stellt sich dabei als besonders große Herausforderung dar, die nicht ohne Kostenfolgen ist. Auch dazu sind regelmäßige Besuche, in die unterschiedliche Führungspersonen und Projektmitarbeiter
involviert sein müssen, notwendig. Es ist bei Offshore-Lieferanten oftmals
nicht üblich, Probleme und Verzögerungen offensiv mitzuteilen. Probleme
werden viel zu spät Vorgesetzten mitgeteilt. Aufgrund dieser geringen Eskalationsneigung von Offshore-Entwicklern muss in eine objektive Erhebung
des Projektstatus und in die Aufdeckung potentieller Projektrisiken inves-
tiert werden.

4.2.3 Übertragung des Projektes an den Lieferanten

Zu den Übertragungskosten gehören die Erstellung einer aufwändigen
schriftlichen Spezifikation und der Aufbau von generellem Know-how im
jeweiligen Geschäftsfeld.

4.2.4 Rückübertragung des Projektes an den Auftraggeber

Die Kosten der Rückübertragung eines Projektes an den Auftraggeber werden oft nicht genügend berücksichtigt. Dazu gehören insbesondere Kosten
für den Aufbau oder die Schulung einer Test- und Betriebsinfrastruktur
sowie Kosten für die Ausbildung von Wartungspersonal und Support.

4.2.5 Anpassung der eigenen Entwicklungsprozesse

Eine Zusammenarbeit mit geografisch verteilten Teams macht unter Umständen eine Anpassung der eigenen Entwicklungsprozesse notwendig.
Dazu gehören die Einführung neuer Tools, welche von verschiedenen Stand-
orten aufgerufen werden können, die Erhöhung des Dokumentationsgra-
des, die Anpassung der eigenen Dokumentationssprache und Anpassungen
aufgrund von anderen Gesetzen und kulturellen Unterschieden.

4.2.6 Aufbau von zusätzlichem Know-how

Indem die Entwicklung ausgelagert wird, steigt der Bedarf an Business-Analyse-Know-how. Dieses muss aufgebaut werden. Für die erfolgreiche Abwicklung von Offshore-Projekten ist in der Regel die Inanspruchnahme von externen Beratern notwendig.

Eine Studie[1], in der die Offshore-Kosten in unterschiedlichen Projekten untersucht wurden, stellte folgende Kosten bei einem Projektportfolio von 16 Mio. Euro fest:

Tabelle 1 Versteckte Kosten in Offshore-Projektportfolio von 16 Mio. Euro. CIO Research Report, 2003.

Kosten	Im besten Fall (Euro)	Im schlechtesten Fall (Euro)
Wahl des Lieferanten	32 400	324 000
Übertragen des Projekten	324 000	486 000
Entlassungen	486 000	810 000
Verminderung der Produktivität, Kulturelles	486 000	4 374 000
Verbessern des Entwicklungsprozesses	162 000	1 620 000
Führung des Lieferanten	972 000	1 620 000
Total versteckte Kosten	(15.2%) 2 500 000	(57%) 9 200 000
Ursprünglicher Wert	16 200 000	16 200 000
Total Outsourcing Kosten	18 700 000	25 400 000

Von den gesamten Projektkosten machen die zusätzlichen Kosten 15–57% aus. Es wird deutlich, dass die Führung der Lieferanten die höchsten Zusatzkosten verursacht. Darin sind die hohen Kommunikationskosten versteckt, welche durch die geografische Verteilung der Teams anfallen.

---

[1] Aus Lorraine Cosgrove Ware: Weighing the Benefits of Offshore Outsourcing. CIO Research Reports, 2 September 2003. Anpassungen des Autors.

4.3 Risiken von Offshoring

Die Risiken von Offshoring sind vielfältig und erheblich.

4.3.1 Unzureichende Vorbereitung

Offshoring wird nur zu oft aus kurzfristigen Überlegungen, insbesondere aus einem aktuellen Ressourcenmangel heraus in Betracht gezogen. Gerade dann besteht das Risiko, dass der Auftraggeber unzureichend vorbereitet und mit einem ungeeigneten Projekt eine Offshore-Initiative lanciert.

Zu den Auswirkungen einer schlechten Vorbereitung kann auch die Verschlechterung des Betriebsklimas gehören. So können die Mitarbeiter beim Auftraggeber durch die Offshore-Initiative verunsichert werden und es können erhebliche Widerstände entstehen.

4.3.2 Falscher Lieferant

Eine Fehlentscheidung bei der Auswahl des Lieferanten kann das Projekt oder sogar die gesamte Offshore-Initiative in Frage stellen. Die Wechselkosten können erheblich sein und das Vertrauen in einen möglichen Erfolg einer Offshore-Initiative wird aufs Spiel gesetzt. Offshore-Lieferanten verfügen typischerweise über eine geringere Reputation. Die finanzielle Stabilität des Unternehmens und die politischen Rahmenbedingungen sind schwerer zu beurteilen.

4.3.3 Abhängigkeiten

Eine Offshore-Zusammenarbeit benötigt erhebliche Investitionen in einen spezifischen Partner. Damit entsteht jedoch das Risiko von Abhängigkeiten (so genannten Lock-in-Effekten). Je größer die Investitionen in einen spezifischen Partner sind, desto größer ist der Verhandlungsspielraum für den neuen Partner. Auch wenn die Leistung des neuen Offshore-Partners zu wünschen übrig lässt oder der Lieferant plötzlich Preiserhöhungen ankündigt, wird es sich bei hohen Investitionen in den entsprechenden Lieferanten nicht lohnen, den Lieferanten zu wechseln. Diese Wechselkosten sind bei einer Offshore-Zusammenarbeit wesentlich höher, da die

Übertragung des Know-hows wegen der geografischen Barrieren besonders aufwändig ist.

Mögliche Gegenmaßnahmen bestehen in dem Angebot von schriftlichen Dokumentationen, die einen Transfer von Know-how ohne erneute Investition des Auftraggebers erlauben, aber auch in der Zusammenarbeit mit mehreren Lieferanten.

4.3.4 Übertragung von Wissen

Das Risiko, dass Mitarbeiter des Auftraggebers zum Lieferanten wechseln, ist in Offshore-Projekten gering. Allerdings ist ein erheblicher Transfer von Wissen notwendig, welches der Offshore-Lieferant gegebenenfalls bei Mitbewerbern des Auftraggebers einsetzt. Dies kann durch geeignete vertragliche Bedingungen verhindert werden.

4.3.5 Mangelnde Durchsetzbarkeit von Verträgen

In der Zusammenarbeit mit Offshore-Partnern sind im Konfliktfall viele Vertragskonstrukte nicht durchsetzbar. Gerade bei Schadensersatzforderungen, aber auch Forderungen aus Konventionalstrafen oder Preisminderungen besteht je nach Interessenlage des Lieferanten wenig Aussicht auf Erfolg. Damit können nur partiell Risiken auf den Lieferanten abgewälzt werden, was das Projektrisiko für den Auftraggeber stark erhöht.

4.3.6 Kommunikationsprobleme

Bei größeren geografischen Distanzen, Sprachbarrieren und kulturellen Unterschieden besteht das Risiko, dass die Projektmitarbeiter nicht ein für den Projekterfolg notwendiges Vertrauensverhältnis aufbauen können. Durch die begrenzten Kommunikationsmittel kommt es leichter zu Missverständnissen.

Als Projektleiter ist man auf Hinweise rund um mögliche und bestehende Probleme angewiesen. Einer der stärksten kulturellen Unterschiede ist die geringere Eskalationsneigung von Offshore-Mitarbeitern. So wird oft viel zu spät auf bestehende Probleme oder Risiken hingewiesen.

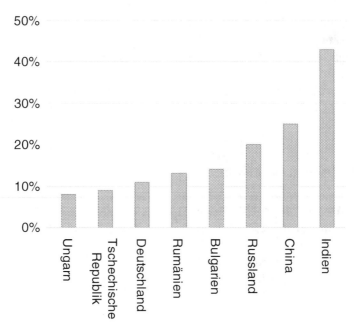

Abb. 3 Kosten der Vertragsdurchsetzung gemessen in % der Schuld. Quelle: Doing Business Database, 2005.

4.4 Wirtschaftlichkeit im Fallbeispiel

Es ist unmöglich alle Risiken und Chancen rein monetär zu betrachten. Die tatsächlichen finanziellen Auswirkungen sind nur unter hypothetischen Annahmen konkret abschätzbar. Ein Kostenvergleich einiger der obigen Nutzen- und Kostenfaktoren ist jedoch möglich. So soll am Beispiel der Magellan-Fallstudie geklärt werden, ob sich das Offshore-Engagement im Bezug auf diese Faktoren gelohnt hat.

Für die Realisierung der Magellan-Software war ein interner Aufwand von 6 Personenjahren notwendig. Dazu gehörten die Entwicklung von Prototypen, die Erstellung einer detaillierten Spezifikation, die Auswahl des Lieferanten und der Aufbau einer Lieferantenbeziehung, das Projektmanagement und das Testen der Software. Zu diesem internen Aufwand kamen die Kosten des externen Lieferanten dazu.

Erst mit dem zweiten Offshore-Partner gelangte Travelware zum Ziel. Für den ersten, gescheiterten Versuch waren Abschreibungen von 30 000 Euro notwendig. Der zweite Offshore-Partner erstellte ein Angebot von 50 000 Euro. Diesem stand ein alternatives lokales Angebot von etwa 150 000 Euro gegenüber. Aufgrund von zusätzlichen Anforderungen und einigen Änderungen belief sich der gesamte Realisierungsaufwand mit dem Offshore-Partner schlussendlich auf 90 000 Euro. Wenn angenommen wird, dass die Realisierung mit dem lokalen Partner im gleichen Verhältnis teurer geworden wäre, kann man demgegenüber bei einer lokalen Entwicklung von Kosten von 270 000 Euro ausgehen.

Die ursprünglich mit 6 Monaten geplante Realisierung dauerte schließlich 12 Monate. Nach der Fertigstellung wurden vom ursprünglichen indischen Projektteam vier Mitarbeiter im Dienstleistungsvertrag weiter beschäftigt. Nach einem halben Jahr wurde das Wartungsteam auf zwei Mitarbeiter reduziert. Bis Ende 2006 liefen dadurch zusätzliche Kosten von 90 000 Euro an.

Der Projektleitung fällt es nicht leicht, den Mehraufwand für das Offshoring zu beziffern. Er wird etwa auf ein Personenjahr geschätzt.

Damit ist eine Gegenüberstellung der Optionen externe lokale und Offshore-Realisierung möglich (Outsourcing).

Tabelle 2 Kostenvergleich zwischen lokalem und Offshore-Outsourcing im Magellan-Projekt.

Offshore Outsourcing	Personenjahre	Stundensatz	Total
Interner Aufwand	6	60 Euro	540 000 Euro
Externer Aufwand			90 000 Euro
Abschreibungen			30 000 Euro
Total Projektkosten			768 000 Euro
Total externe Wartungs-kosten			90 000 Euro

Lokales Outsourcing	Personenjahre	Stundensatz	Total
Interner Aufwand	5	60 Euro	486 000 Euro
Externer Aufwand			270 000 Euro
Total Projektkosten			780 000 Euro
Total externe Wartungs-kosten			280 000 Euro

Die reinen Projektkosten lagen also knapp unter denen eines lokalen Outsourcing. Wird jedoch der externe Wartungsaufwand mitberücksichtigt, dann war die Offshore-Entwicklung günstiger. Dabei ist zu berücksichtigen, dass eine Auslagerung der Wartung ohne Realisierung des Projektes wegen der damit verbundenen hohen Kosten für den Know-how-Transfer nicht wirtschaftlich gewesen wäre. Ebenfalls ist unklar, wieviel höher der interne Koordinationsaufwand durch die Offshore-Wartung war.

Welche Beobachtungen bei der Kosten/Nutzenbetrachtung des Fallbeispiels können festgehalten werden?

1. Die zusätzlichen internen Kosten, die Offshoring mit sich bringt, können die geringeren externen Kosten wieder ausgleichen.

2. Die Kosten der Offerte eines lokalen Anbieters und die Offerte eines Offshore-Anbieters unterschieden sich um einen Faktor 3 und nicht um einen sehr viel höheren Faktor, der aufgrund der Lohnunterschiede zu erwarten gewesen wäre. Der Grund liegt darin, dass ein Offshore-Partner zusätzliche, offshore-spezifische Aufwendungen einrechnen muss.

3. Erst wenn die externen Wartungskosten mitberücksichtigt werden, hat sich das Offshoring richtig gelohnt.

4. Ein Teil des internen Aufwandes wurde für eine einmalige Etablierung des Lieferantenverhältnisses aufgewendet. Damit wird deutlich, dass sich Offshoring bei größeren oder bei einer Reihe von Projekten eher lohnt, als bei kleinen.

5. Zudem zeigt sich, dass die doch erhebliche Projektgröße von 4 Personenjahren nicht wesentlich hätte unterschritten werden dürfen, damit sich das Offshoring noch ausgezahlt hätte.

4.5 Fazit

Welche generellen Schlussfolgerungen lassen sich aus den bisherigen Kosten/Nutzen-Überlegungen ziehen? In der Literatur werden Kostenersparnisse im Bezug zu den gesamten Projektkosten von 20–40% genannt[2].

Für größere Software-Unternehmungen scheint die Schlussfolgerung jedoch klar zu sein. Eine Studie von Zinnov[3] zeigt, dass 14 der 15 größten Software-Unternehmen im Silicon Valley offshore Software entwickeln.

---

[2] z.B. in Erber, Georg und Sayed-Ahmed, 2004 oder in Ebert 2005
[3] www.zinnov.com/zinnov whitepapers/sillicon valley final.pdf

Mehr als die Hälfte tun dies mit Outsourcing-Partnern. Wenn ein Unternehmen mit externen Lieferanten arbeitet, entscheidet es sich meistens für mehrere Lieferanten. Doch ist eine Zusammenarbeit mit Offshore-Lieferanten auch für kleinere Unternehmen potentiell attraktiv?

Dies hängt von den Antworten auf drei wesentliche Fragen ab:

1. Ist das Offshore-Outsourcing eine langfristige Strategie, mit der ein ganzes Projektportfolio umgesetzt wird?

2. Ist der Auftraggeber genügend auf das Offshoring vorbereitet?

3. Sind für Offshoring geeignete Projekte vorhanden?

Wenn ein Offshoring-Vorhaben Teil einer langfristigen Strategie ist, wird meist geplant, ein ganzes Projektportfolio mit einem Lieferanten umzusetzen. Damit können Investitionen in eine funktionierende Offshore-Partnerschaft auf mehrere Projekte verteilt werden. Es kommt zu einem Lerneffekt, mit dem die internen Zusatzaufwendungen bezogen auf die einzelnen Projekte reduziert werden können.

Wenn sich ein Auftraggeber unter kurzfristigen Überlegungen wie beispielsweise mangelnden Ressourcen für ein Offshoring entscheidet, besteht die Gefahr, dass die eigenen Entwicklungsprozesse nicht den Anforderungen einer Offshore-Partnerschaft angepasst sind.

Ist eine Lieferantenbeziehung einmal etabliert, können auch kleinere Projekte ausgelagert werden. Doch müssen die Projekte wichtige Voraussetzungen wie geringe Abhängigkeiten von anderen Systemen und stabile Anforderungen mitbringen.

4.6 Chancen, Kosten und Risiken im Überblick

In Anlehnung an obige Ausführungen und an eine Aufstellung von Amberg und Wiener[4] wird eine zusammenfassende tabellarische Übersicht über die erwähnten Nutzen, Chancen, Kosten und Risiken gegeben.

---

[4] Amberg, Michael; Wiener, Martin: „IT-Offshoring, Management internationaler IT-Outsourcing Projekte", Physica, 2006

Tabelle 3 Chancen, Kosten und Risiken von Offshoring.

Chancen	Finanzielle Chancen	Reduzierung der IT-Kosten
		Verbesserung der Kostenkontrolle
		Fixkostenumwandlung
		Reduzierung der Kapitalbindung
	Qualitatitive Chancen	Verbesserung der Entwicklungsprozesse
		Zugang zu technischem Know-how
	Strategische Chancen	Verbesserung der Flexibilität
		Konzentration auf die Kernkompetenzen
		Reduktion der Time to Market
		Risikotransfer
Kosten	Projektunabhängige Kosten	Kosten für den Wissenstransfer
		Kosten für die Anpassung interner Prozesse
		Kosten für das Beziehungsmanagement
		Kosten für Rahmenvertrag
	Projektkosten	Kosten für die Lieferantenauswahl
		Kosten für Projektvertrag
		Kosten für die Übertragung und Rückübertragung des Projektes
		Kontrollkosten
		Kommunikations- und Reisekosten
		Kosten für die Projektspezifikation

Tabelle 3 Fortsetzung.

Risiken	Auftraggeber bezogene Risiken	Auswahl ungeeigneter Projekte
		Auswahl ungeeigneter Lieferanten
		Abhängigkeiten
		Transfer von Wissen
		Verschlechterung des Betriebsklimas
	Risiken bezogen auf die Kooperation	Kulturelle Unterschiede
		Mangelnde Durchsetzbarkeit von Verträgen
		Mangelhafte Kommunikation
	Risiken bezogen auf den Auftragnehmer	Finanzielle Stabilität
		Politische Rahmenbedingungen

4.7 Literaturhinweise

Eine interessante Einführung zu den Kosten/Nutzen-Überlegungen liefert ein Artikel:

Erber, Georg und Sayed-Ahmed, Amid (2004): „Offshore Outsourcing – A Global Shift in the Present IT Industry". Presentation at the UN ECE-Seminar: Fostering Internet Enterprise Development by Governments and Large Companies through Subcontracting, Brussels, Belgium

Einen guten Überblick liefert auch:

Amberg, Michael und Wiener, Martin (2006): „IT Offshoring – Management internationaler IT-Outsourcing Projekte". Physica Verlag, Heidelberg

5

Was sind die Voraussetzungen für Offshoring?

5.1 Strategische Verankerung

Offshore Software zu entwickeln, ist eine Herausforderung. Das beste Rezept für erfolgreiches Offshoring ist eine sorgfältige Vorbereitung. Kein Bergsteiger plant die Besteigung eines hohen Berges ohne intensives Training, das bereits lange vor dem geplanten Aufstieg beginnt.

Wie bei dem Vergleich der Chancen und Risiken deutlich wurde, beinhaltet die Zusammenarbeit mit einem Offshore-Partner viele strategische Auswirkungen. Die Auswahl und der Aufbau einer Zusammenarbeit mit einem oder mehreren Offshore-Lieferanten, die Einführung von geeigne-

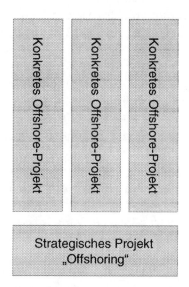

Abb. 4 Eine Offshore-Initiative besteht aus einem projektübergreifenden strategischen Projekt und verschiedenen Offshore-Projekten.

ten Entwicklungsprozessen, die Aneignung des nötigen Know-hows und die personalpolitischen Maßnahmen müssen strategisch verankert werden und stellen ein eigenes Projekt dar, in das die Geschäftsleitung intensiv involviert sein muss. Es schafft die Rahmenbedingungen für die Lancierung einer Reihe von Offshore-Projekten.

5.2 Standardisierte Entwicklungsprozesse

Offshoring ist machbar und die intensiven Vorbereitungen führen unweigerlich zu einer Professionalisierung der eigenen Prozesse. Um zu verhindern, dass ein Entwicklungspartner ganz andere Entwicklungsprozesse anwendet, lohnt sich die Einführung eines standardisierten Entwicklungsprozesses. Es wurden verschiedene Normen entwickelt, die es erlauben den Qualitätsstandard der eigenen Prozesse festzustellen und zu verbessern. Als Software-Unternehmen, welches mit Offshore-Partnern zusammenarbeiten will, ist man mit diesen Methoden unweigerlich konfrontiert, da die Lieferanten sich meist stark an diesen Methoden orientieren. Der bekannteste Qualitätsstandard ist Capability Maturity Model Integration (kurz CMMI). CMMI bildet einen Standard für die Beurteilung der Prozesskompetenz. Diese wird durch eine offizielle Überprüfung eines Reifegrades zertifiziert. Eine ISO-basierte Alternative zu CMMI ist seit März 2006 SPICE (Software Process Improvement and Capability Determination), welche in der Norm ISO/IEC 15504 definiert ist. Auch in SPICE gibt es verschiedene Reifegrade, die erlangt werden können.

Die Erlangung von CMMI- oder SPICE-Zertifikaten stellt sicher, dass die eigenen Entwicklungsprozesse internationalen Standards entsprechen. In vielen Fällen haben Offshore-Lieferanten auch CMMI- oder SPICE-Zertifikate erlangt. Doch die effektive Wirksamkeit der hohen Zertifizierungsstufen bleibt umstritten und ist empirisch nicht belegt. Höhere Stufen von CMMI- und SPICE-Zertifizierungen stellen zwar die Befolgung bestimmter Prozessregeln sicher, jedoch garantieren diese beispielsweise nicht, dass das zertifizierte Unternehmen wirklich talentiertes Personal beschäftigt. Eine einfachere und in vielen Fällen sogar effektivere Methode, die eigenen Prozesse internationalen Standards anzugleichen, bietet beispielsweise die Einführung eines standardisierten Prozessmodells wie RUP.

RUP ist ein De-facto-Industriestandard und wurde ursprünglich von der Firma Rational auf Basis des „Unified Process" entwickelt. RUP integriert eine große Anzahl von heute bekannten Best Practices und schafft insbesondere ein gemeinsames und allgemein akzeptiertes Vokabular. RUP wird heute von vielen Offshore-Anbietern gelebt und eignet sich daher für Offshore-Software-Entwicklung. Die Einführung von RUP bietet zudem eine gute Vorbereitung, um CMMI- oder SPICE-Zertifikate erfolgreich zu erlangen.

Der Rational Unified Process wurde auch bei Travelware im Vorfeld der Offshoring-Aktivitäten eingeführt. Jedoch wurde der RUP zu wenig konsequent implementiert. Faktisch arbeitete Travelware noch immer mit einem Wasserfall-Vorgehen.

Als Folge wurden die wesentliche Verzögerung des Projektes und qualitative Mängel an der Architektur erst am Schluss der Implementierung, also viel zu spät, festgestellt. Beides hätte durch einen iterativen Entwicklungsprozess, wie er von RUP gefordert wird, vermieden werden können.

5.3 Offshoring bei Technologieinnovationen

Neben den Vorbereitungen einer Offshoring-Initiative ist auch die Wahl des richtigen Projektes entscheidend. Magellan stellt eine große Produktinnovation dar. So beinhaltet Magellan einen äußerst benutzerfreundlichen web-basierten Dokumenteneditor mit vorgegebenen Formularbearbeitungsfunktionen. Dieser stellte sowohl hinsichtlich der Benutzerführung als auch hinsichtlich der technischen Realisation eine Neuheit dar. Die Machbarkeit dieses Editors war bei Projektbeginn nicht erwiesen. Zudem war geplant, nur einen wesentlich reduzierten Funktionsumfang vom Vorgängerprodukt VascoDaGama zu übernehmen. Diese Reduktion der Funktionalität sollte durch einen niedrigeren Preis und eine wesentlich verbesserte Benutzerfreundlichkeit kompensiert werden. Es war eine wichtige Frage, ob dies die Kunden akzeptieren würden. Das Projekt beinhaltete sowohl wesentliche technische Risiken als auch Markt- bzw. Produktrisiken.

Technische Risiken bestehen immer dann, wenn die technische Plattform für ein Projektteam neu ist oder wenn noch nie ein Projekt mit ähnlichen Anforderungen und Ausmaßen auf dieser Plattform umgesetzt wurde. Ob technische Risiken bestehen, hängt von der Erfahrung des Projektteams ab. Interessant dabei ist: Technologieinnovationen müssen für einen Lieferanten im Gegensatz zum Auftraggeber keine Innovation darstellen. Sollte der Lieferant allerdings keine Erfahrung in der Zieltechnologie mitbringen, besteht die Gefahr, dass er sowohl den Projektaufwand wie auch bestehende technische Risiken falsch einschätzt. Dies gilt auch für den Fall, dass der Lieferant anbietet, technisches Know-how kostenlos zu erwerben.

Genau dieser Umstand traf im Projekt Magellan von Travelware zu. Der Lieferant kannte sich in der Zieltechnologie wenig aus. Dies war sicher eine wichtige Ursache, weshalb der Lieferant den Aufwand des Projektes unterschätzte.

Grundsätzlich eignen sich somit Projekte für Offshoring, die für den Auftraggeber, aber nicht für den Offshore-Lieferanten eine Innovation darstellen.

5.4 Offshoring und Marktinnovationen

Ein essentielles Marktrisiko besteht, wenn nicht klar ist, ob die zukünftigen Anwender das Produkt akzeptieren werden. Bei Marktinnovationen wird die Arbeitsweise der zukünftigen Anwender verändert. Je mehr sich ein neues Produkt von den bisher gewohnten Softwareprodukten unterscheidet, desto höher ist das Marktrisiko. Da Magellan sowohl über ein neues Bedienungskonzept als auch über einen stark veränderten Funktionsumfang verfügte, beinhaltete das Projekt wesentliche Marktrisiken. Bei Marktinnovationen steht ein professionelles Requirements Engineering im Vordergrund. Durch eine sorgfältige Erhebung von Anforderungen und durch eine fortlaufende Überprüfung der Lösungsansätze mit ausgewählten Referenzkunden, bei der verschiedene Prototypen eingesetzt werden, nähert sich ein Projektteam der endgültigen Produktspezifikation an. Dieser Prozess findet meistens unter einem hohen Zeitdruck statt, da für Marktinnovationen der Zeitpunkt des Markteintritts entscheidend ist. Ein idealer Markteintritt garantiert einen Wettbewerbsvorteil über eine bestimmte Zeitdauer.

In einer Projektphase, in der Marktinnovationen im Vordergrund stehen, ist eine effiziente Kommunikation zwischen Anwender, Anforderungsspezialisten und Entwickler entscheidend. Während dieser Phase ändert sich die Spezifikation fortlaufend. Somit eignet sich ein Projekt mit hohen Marktinnovationen nicht für Offshoring. Bei Marktinnovationen sollen die Entwickler vor Ort sein.

Im Projekt Magellan wurde anhand zahlreicher Usability Tests, die auf Powerpoint-User-Interface-Prototypen und auch auf einer teilweise lauffähigen Applikation basierten, das User Interface verifiziert. Dazu wurden in Zusammenarbeit mit lokalen Entwicklern funktionsfähige Prototypen entwickelt, welche vollständige Szenarien abdeckten. Die Anforderungen wurden immer wieder mit verschiedenen Benutzervertretern, der Geschäftsleitung und mit anderen Business-Analysten diskutiert und in Frage gestellt. Wie sich zeigte, haben sich diese Maßnahmen ausgezahlt.

Nachdem das Pflichtenheft bzw. Lastenheft dem Lieferanten übergeben wurde, sind keine größeren Änderungen mehr vorgenommen worden.

Ein Softwareprojekt ist somit immer dann für eine Offshore-Entwicklung geeignet, wenn die Anforderungen genügend stabil sind.

5.5 Offshoring bei hohen Dokumentationsstandards

Magellan wird von Travelware als Standardsoftware vertrieben. Über Jahre hinaus werden tausende von Benutzern mit der Software arbeiten. Es ist abzusehen, dass noch verschiedene Module ergänzt werden. Die Software wird also von Projektteams gewartet werden, die nicht am Projekt beteiligt waren. Dies setzt hohe Ansprüche an die Dokumentation.

Im COCOMO[1]-Modell wird geschätzt, dass die Gesamtprojektkosten durch einen hohen Dokumentationsstandard um bis zu 56% erhöht werden können[2]. Offshoring erhöht den Bedarf an schriftlicher Dokumentation erheblich. Daher werden sich vor allem die Projekte für Offshoring eignen, bei denen ohnehin ein hoher Dokumentationsstandard Voraussetzung ist – so wie im Beispiel von Magellan. Ein hoher Dokumentationsstandard kann aber auch gefordert sein, da interne Richtlinien dies notwendig machen. Für bestimmte Branchen sind ohnehin hohe Dokumentationsstandards die Norm.

Offshoring wird in diesen Fällen keine wesentlichen zusätzlichen Dokumentationskosten verursachen.

5.6 Offshoring bei klaren Schnittstellen

Jede technische Schnittstelle zu Umsystemen (Systeme, die nicht zum Projektumfang gehören) verursacht einen zusätzlichen Koordinations-, Spezifikations- und Klärungsaufwand. Bei Fehlern wird diskutiert, ob Daten über die Schnittstelle falsch geliefert wurden oder ob sie falsch verarbeitet wurden. Software-Projekte mit komplexen oder zahlreichen Schnittstellen zu Umsystemen eignen sich daher nicht für eine Offshore-Entwicklung. Im

---

[1] COCOMO ist ein Kostenmodell, das in der Softwareentwicklung zur Kosten- bzw. Aufwandsschätzung verwendet wird. Es wird ein Zusammenhang zwischen bestimmten Softwaremetriken und den Kosten eines Projekts dargestellt.

[2] Steve McConnell: „Software Estimation. The Black Art Demystified". Microsoft Press Corp., 2006

Magellan-Projekt stellte beispielsweise die Schnittstelle zu den Reservie-
rungssystemen eine Herausforderung dar. Immer wieder kam es im Projekt
zu Diskussionen darüber, wer für bestimmte Fehler verantwortlich war. So
waren die Entwickler der Komponente, welche die Reservierungen lieferte,
sehr rasch der Meinung, die Probleme lägen bei Magellan, das die Reservierungen falsch importiere. Umgekehrt waren sich die Entwickler von Magellan sicher, dass der Fehler am Liefersystem liege. Schließlich entschied
sich das Projektteam, ein Simulationsprogramm zu entwickeln, mit wel-
chem es möglich war, den Import einer Reservierung durchzuspielen. Da
das Simulationsprogramm mit Sicherheit korrekte Reservierungen lieferte,
konnten allfällige Fehler dem Magellan-Projekt zugeordnet werden. Dank
dieses Simulationsprogramms wurde also die Verantwortung für Fehler offensichtlich.

Eine besonders heikle Situation stellt die Erweiterung eines bestehenden
Softwaresystems dar. So können die Erweiterungen die Systemfunktiona-
lität der bereits vorhandenen Funktionalität beeinflussen. Somit müssen,
falls diese nicht vorhanden sind, Abnahmekriterien für das gesamte System
definiert werden. Damit muss das in Betracht gezogene Offshore-Projekt
für vernachlässigte Spezifikationen des bisherigen Projektes aufkommen.

5.7 Zusammenfassung

Ein Projekt wird sich – unabhängig vom Auftraggeber – für Offshore-
Entwicklung umso mehr eignen müssen, je eher die folgenden Voraussetzungen erfüllt sind:

- Die Anforderungen müssen genügend stabil sein.

- Ein hoher Dokumentationsstandard ist notwendig.

- Der Projektumfang oder das Projektportfolio ist genügend groß.

- Es sind nur wenige Schnittstellen zu den Umsystemen vorhanden und
  nur solche mit geringer Komplexität.

5.8 Literaturhinweise

Einen guten Management-Überblick über das Thema Outsourcing und Offshoring bietet folgendes Buch:

Ebert, Christoph (2005): „Outsourcing kompakt – Entscheidungskriterien und Praxistipps für Outsourcing und Offshoring von Software Entwicklung", Spektrum Akademischer Verlag.

Darin finden sich auch Ausführungen zu Auswahlkriterien von potentiellen Projekten und Hinweise zu Anforderungen an Auftraggeber.

Die Auswirkung unterschiedlicher Faktoren auf die Projektkosten ist in dem absolut lesenswerten Buch von Steve McConnell beschrieben:

McConnell, Steve (2006): „Software Estimation. The Black Art Demystified", Microsoft Press Corp.

Eine gute Einführung in den Rational Unified Process liefert:

Versteegen, Gerhard; Kruchten, Philipp und Boehm, Barry (2000): „Projektmanagement mit dem Rational Unified Process". Springer

6
Der Vertrag

6.1 Fragestellung

Gemäß einer 2006 durchgeführten Studie von DiamondCluster Internatio-
nal mussten 48% der untersuchten Outsourcing-Vereinbarungen frühzeitig
beendet werden[1]. Outsourcing und speziell Offshoring ist demnach ein
riskantes Unterfangen. Die Situation wird für einen Auftraggeber noch
verschärft, wenn der Vertrag von einer offshore unerfahrenen Rechtsab-
teilung oder durch den Lieferanten erarbeitet wird. Damit gibt die Projektleitung das wirkungsvollste Instrument aus den Händen, den größten
Risiken in geeigneter Form entgegenzutreten.

In Outsourcing-Projekten wird vielfach eine Übertragung von Qualitäts-,
Termin- und Kostenrisiken mittels eines Festpreisvertrages angestrebt. Jedoch wird übersehen, dass sich gerade in Offshore-Projekten diese Risiken
allenfalls durch einen aufwandbasierten Vertrag besser kontrollieren lassen
und dass es andererseits eine ganze Reihe weiterer Kriterien gibt, die eine
Entscheidung für ein geeignetes Preismodell (Festpreis oder Aufwand) beeinflussen. Im ersten Abschnitt dieses Kapitels beschäftigen wir uns mit der
Frage der Wahl des richtigen Preismodells.

Wurde eine sorgfältig überdachte Entscheidung für einen Festpreisvertrag gefällt, hat die konkrete Ausgestaltung des Vertrages einen hohen Einfluss auf die Chancen des Projekterfolges. Die Auftraggeber werden mit
offshore-spezifischen Besonderheiten konfrontiert, die in der Ausgestaltung unbedingt berücksichtigt werden müssen. Mit dieser Fragestellung
beschäftigt sich der zweite Teil dieses Kapitels.

---

[1] Gibson, Stan: „Outsourcing Boom Is Over", eWeek.com, July 11, 2006

6.2 Festpreis- oder Dienstleistungsverträge

6.2.1 Definition Festpreis- und Dienstleistungsverträge

Eine der wichtigsten Entscheidungen, die somit im Hinblick auf die Umsetzung eines Offshore-Outsourcing-Projektes gefällt werden muss, ist, ob mit einem Lieferanten ein „Value based Arrangement", ein Festpreisvertrag oder ein Dienstleistungsvertrag abgeschlossen werden soll.

In einem „Value based Arrangement" wird das Honorar des Lieferanten von einem messbaren Projekterfolg abhängig gemacht. Im Fall von Magellan wäre dies beispielsweise die Anzahl verkaufter Lizenzen zwei Jahre nach Projektstart. Diese Vertragsart hat den Vorteil, dass beide Partner die gleichen Anreize hinsichtlich Qualität, Termin und Preis haben. Sie setzt allerdings voraus, dass der Lieferant in der Lage ist den potentiellen Ertrag und den Nutzen abzuschätzen, bzw. dass der Lieferant den Markt des Auftraggebers genau kennt und auch Einfluss auf die Erarbeitung der Anforderungen hat. Beides triff im Fall von Offshoring-Partnern nicht zu und daher kommt dieses Vertragsmodell auch nicht in Frage.

Wird ein Projekt auf der Basis eines Dienstleistungsvertrages umgesetzt, verrechnet der Lieferant einfach die Arbeitszeit der eingesetzten Mitarbeiter. Je nach Erfahrung, Ausbildung und Funktion der eingesetzten Mitarbeiter werden unterschiedliche Stundensätze angewandt.

In einem Dienstleistungsvertrag finden sich Regeln zu folgenden Themen:

- Konkrete Bezeichnung der Ressourcen und Arbeitsmenge,

- Hilfsmittel,

- Stundensatz,

- Eskalationsprozedere,

- Reporting,

- Kündigungsfrist,

- Beginn des Einsatzes,

- Mindestbeschäftigungsdauer,

- Ort des Einsatzes und

- Urheberrechte und Haftung.

In einem Festpreisvertrag sichert der Anbieter einen genau definierten Inhalt zu einem bestimmten Termin und einem festgelegten Preis zu. Ein Festpreisvertrag enthält Regeln zu folgenden Themen:

- Spezifikation der Lieferobjekte,

- Definition der Wartungsaufgaben,

- Terminplanung in Bezug auf Ablieferung der Lieferobjekte,

- Projektorganisation, Reporting und Eskalation,

- Änderungswesen,

- Weitervergabe von Aufträgen,

- Mitwirkungspflichten,

- Folgen bei Nichterfüllung,

- Rechtsgewährleistung, Urheberrechte und Haftung,

- Preis, Zahlungsmodalitäten und Planung,

- Beschreibung des Abnahmeverfahrens und

- Kündigung.

In einem Festpreisvertrag hat der Lieferant den Anreiz, die Leistung mit möglichst wenig Aufwand zu erreichen.

6.2.2 Entscheidungsgrundlagen für die Wahl des Preismodells

Im Wesentlichen unterscheiden sich die beiden Vertragsvarianten im Hinblick auf die Risikoverteilung und Anreize. Im Fall eines Dienstleistungsvertrages verfügt der Auftraggeber über weitgehende Weisungsrechte, trägt aber selbst das vollständige Termin- und Kostenrisiko. Im anderen Fall liegen die Weisungsrechte beim Lieferant. Er trägt einen Anteil des Termin- und Kostenrisikos. Hier wird eine dritte Lösung vorgeschlagen: Ein Festpreisvertrag für Teilergebnisse.

Der Risikoübertragung sind in Verträgen mit Offshore-Partnern jedoch Grenzen gesetzt. Wie in Abb. 3 deutlich wird, ist die Durchsetzbarkeit von Verträgen je nach Offshore-Land sehr beschränkt. Die Durchsetzbarkeit von Verträgen ist jedoch für die Übertragung von Risiken eine wichtige Voraussetzung.

Neben den Unterschieden in der Risikoverteilung bestimmen das Preismodell auch die Anreize. In einem Festpreisvertrag hat der Auftragnehmer ein Interesse, die Leistung mit möglichst wenig Aufwand zu erbringen.

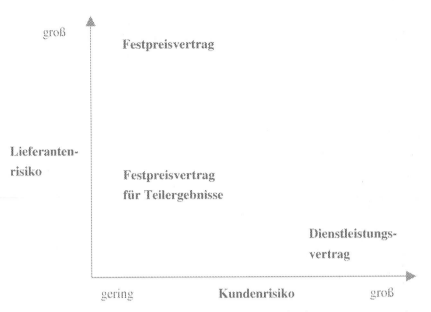

Abb. 5 Vertragsarten und Risikoverteilung im Vergleich. Angepasste Version aus Ebert, Outsourcing Kompakt, 2006.

Es ist nicht sichergestellt, dass der Lieferant den während einer Abnahme nicht messbaren Faktoren die notwendige Aufmerksamkeit schenkt. In einem Preismodell, in dem nach Aufwand abgerechnet wird, besteht für den Lieferanten der Anreiz, möglichst umfangreich Ressourcen verrechnen zu können. Sind somit wichtige Qualitätskriterien nicht oder nur unzureichend messbar, muss ein aufwandbasiertes Preismodell bevorzugt werden. Neben der Risikoverteilung und den Anreizen gibt es zahlreiche weitere Faktoren, welche die Entscheidung hinsichtlich eines Preismodells beeinflussen. Tabelle 4 gibt dazu eine Übersicht:

Tabelle 4 Vor- und Nachteile von Preismodellen.

Chancen Dienstleistungsvertrag	Risiken Festpreisvertrag
Keine langwierigen Vertragsverhandlungen erforderlich.	Oft kommt es zu aufwendigen Vertragsverhandlungen.
Auch wenn die Spezifikation nicht den Standards entspricht, die für einen Festpreisvertrag notwendig sind, kann mit der Umsetzung begonnen werden.	An die Spezifikation werden sehr hohe Anforderungen gestellt.

Tabelle 4 Fortsetzung.

Es gibt keine generellen Risikozuschläge aufgrund einseitig vorhandener Informationen.	Der Lieferant ist gezwungen, Risikoaufschläge dazuzurechnen.
Die Arbeitsergebnisse sind täglich einsehbar.	Geliefert wird nach vertraglich vereinbarten Lieferzeitpunkten.
Die Prioritäten und Aufgaben können flexibel geändert werden.	Änderungswünsche sind oft sehr teuer und deren Abwicklung mit viel Aufwand verbunden. In Festpreisverträgen wird davon ausgegangen, dass die Spezifikation im Wesentlichen während des Projekts stabil bleibt.
Kurze Kündigungsfristen sind normal. Bei ungenügender Lieferung kann rasch abgebrochen werden.	Es ist in der Regel nur möglich, nach Eintreten vertraglich vereinbarter Projektabbruchkriterien zu kündigen. Das Risiko, dass der Lieferant nicht oder in ungenügender Qualität liefert, kann nur bedingt ausgeschlossen werden.
Es besteht kaum vertragliches Konfliktpotential.	Es gibt ein erhebliches Konfliktpotential – besonders während der Abnahme.
Risiken Dienstleistungsvertrag	**Chancen Festpreisvertrag**
Es gibt fast keinen Preiswettbewerb zwischen den Anbietern. Der Stundensatz ist in der Regel wenig unterschiedlich.	Es gibt einen Preiswettbewerb zwischen den Anbietern.
Das Risiko einer Fehleinschätzung des Aufwandes liegt beim Auftraggeber.	Die direkten Umsetzungskosten sind bekannt. Es ist möglich, eine Strafe für Terminverzögerungen zu vereinbaren und damit auch einen Teil des Terminrisikos zu transferieren. Festpreisverträge sind aber im Konfliktfall mit Offshore-Lieferanten nur bedingt durchsetzbar. Es ist daher nur ein Teil des Kosten- und Terminrisikos transferierbar.

Tabelle 4 Fortsetzung.

Um das Projektteam zu überwachen, ist eine eigene, qualifizierte Fachperson erforderlich. Durch die räumliche Distanz zum Offshore-Partner ist es wesentlich schwieriger, die Arbeitsleistung einzelner Mitarbeiter zu beurteilen. Auch Koordinationsaufgaben und Klärungen bei Fragen sind aufwendiger.	Das Projektcontrolling ist einfacher. Die Mitarbeit des Auftraggebers begrenzt sich auf die Spezifikation und die Abnahme.

6.3 Ausgestaltung von Offshore-Festpreisverträgen

6.3.1 Risiken von Offshore-Outsourcing-Festpreisverträgen

In Offshore-Festpreisverträgen gibt es drei wesentliche Risiken:

- Unerwartete und übertriebene Preiserhöhungen bei Änderungen,

- verspätete oder stark mangelhafte Lieferung und

- Nichtdurchsetzbarkeit von Verpflichtungen.

In jedem Projekt, sei die Spezifikation noch so sorgfältig erarbeitet, kommt es im Verlauf der Umsetzung zu Änderungen der Anforderungen.

Sobald der Auftraggeber eine Änderung benötigt, die neu offeriert werden muss, gibt es üblicherweise keinen Preiswettbewerb mehr. Der Offshore-Lieferant kann großzügige Terminverzögerungen und Preisaufschläge als Notwendigkeit anführen. Dem Auftraggeber bleibt in dieser Situation kaum eine andere Möglichkeit, als diese Preiserhöhungen zu akzeptieren.

In Festpreisverträgen muss definiert werden, was die Folgen einer zu späten oder mangelhaften Lieferung sind. Ein häufig verwendetes Mittel sind Konventionalstrafen. In der Praxis kann es auch zu Schadensersatzforderungen kommen. Damit wird ein Teil des gesamten Entwicklungsrisikos auf den Lieferanten übertragen und beim Lieferanten werden Anreize geschaffen, die notwendigen Vorsichtsmaßnahmen zu ergreifen. Dies gilt auch für Offshore-Entwicklungen auf Basis von Festpreisverträgen. Allerdings ist es in einem Offshore-Projekt nur bedingt möglich, Konventionalstrafen oder Schadensersatzforderungen im Streitfall gerichtlich durchzusetzen. Beinhalten Fixpreisverträge jedoch keine durchsetzbaren Regelungen, wird der größte Vorteil eines Festpreisvertrages aufgegeben, nämlich die Übertragung von Risiken auf den Lieferanten.

6.3.2 Praxisbeispiel

Im Magellan-Projekt wurde eine Regelung bei verzögerter Abnahme verlangt. Der Offshore-Lieferant wollte darauf nicht eingehen. Verzögerungen könnten auch dadurch verursacht werden, dass der Auftraggeber auf seine Fragen und Anliegen nicht genügend rasch reagiert.

Der vereinbarte Vertrag sicherte deshalb lediglich zu, bis zu einem bestimmten Datum eine Version zu liefern, die dann vom Auftraggeber abgenommen werden sollte. Zudem war die Zeit der Abnahme auf 6 Wochen limitiert. Binnen 6 Wochen musste die Abnahme durchgeführt und alle Mängel gemeldet werden.

Wie sich später zeigte, war dieser Vertrag für den Auftraggeber völlig ungeeignet. Der Lieferant zeigte pünktlich Abnahmebereitschaft an. Die Applikation war jedoch in keiner Art und Weise für eine Abnahme bereit, und so war der Auftraggeber nicht einmal in der Lage, alle Fehler zu rapportieren.

Der Einwand des Offshore-Lieferanten, dass ein mögliches Lieferdatum auch von der Mitarbeit des Auftraggebers abhängt, ist verständlich. Deshalb hätte auch dessen Mitwirkungspflicht definiert werden müssen. Ist diese geregelt, eine ausführliche Spezifikation vorhanden und sind klar definierte Abnahmebedingungen definiert, gibt es keinen Grund, weshalb sich ein Lieferant nicht auf ein Datum festlegen sollte.

6.3.3 Lösungsansätze für Offshore-Festpreisverträge

Welche wirkungsvollen Gegenmaßnahmen stehen für Auftraggeber-Risiken bei Offshore-Festpreisverträgen zur Verfügung?

Nachfolgend wird ein Vorschlag ausgeführt. Dieser besteht aus vier grundlegenden Komponenten:

- Der Vertrag soll Teillieferungen mit einer gestaffelten Abnahme vorsehen.

- Es gibt einen Zahlungsplan, der sicherstellt, dass ein relevanter Anteil der Kosten erst nach erfolgreicher Abnahme der jeweiligen Teillieferung bezahlt wird.

- Nach jeder Teillieferung kann der Vertrag beendet werden.

- Innerhalb einer Teillieferung werden keine Änderungen gefordert.

Im Gegensatz zu Meilensteinen sind mit Teillieferungen gebrauchsfertige Komponenten gemeint. Für jede Teillieferung werden alle Artefakte wie Dokumentation und ausführbarer Code geliefert. Die Software muss also in Pakete aufgeteilt werden. Jedes Paket wird einzeln geliefert. Damit wird sichergestellt, dass eine Teillieferung für den Auftraggeber einen konkreten Wert darstellt. Zudem kann er im Sinn eines iterativen Vorgehens die Funktionstüchtigkeit der Teillieferung überprüfen und abnehmen. Wird der Zahlungsplan des Gesamtprojektes auf die Teillieferungen so abgestimmt, dass die geleistete Teilzahlung dem Wert der Teillieferung entspricht, entsteht ein Gleichgewicht der gegenseitigen Verpflichtungen und ein Vertrag kann jederzeit abgebrochen werden. Eine sinnvolle Projektdauer für eine Teillieferung liegt zwischen 2 und 4 Monaten.

Geeignete Zahlungsbedingungen vermitteln dem Lieferanten auch bei mangelnder gerichtlicher Durchsetzbarkeit von Verträgen erhebliche Anreize, den Vertrag einzuhalten. Sinn macht ein vierstufiger Zahlungsplan:

1. Zu Beginn des Projektes wird dem Lieferanten eine Anzahlung überwiesen.

2. Nach bestandener Abnahme von fest vorgegebenen Abnahmeinhalten erhält der Lieferant einen weiteren Zahlungsbetrag.

3. Wenn alle bekannten Mängel behoben wurden, erhält er den dritten Zahlungsbetrag.

4. Wenn der Lieferant die Terminvorgaben einhält, bekommt er einen Bonus.

In der Regel ist es nicht möglich, feste Abnahmebedingungen für die gesamte Spezifikation vorzugeben. Die Abnahmekriterien überprüfen nur die Erfüllung eines Teils der gesamten Anforderungen. Deshalb wird die Zahlung eines Restbetrages (Punkt 3) erst nach Ablauf einer Garantiefrist vorgesehen.

Der Zahlungsplan und die damit verbundenen Abnahmen gelten für jede einzelne Teillieferung. Die phasenweise Abnahme der Applikation hat einen zentralen Vorteil: Wenn ein Lieferant nicht in der Lage ist, die geforderten

Lieferbedingungen zu erfüllen, wird dies nicht erst am Schluss des Projektes festgestellt.

Sind Teillieferungen vorgesehen, können Änderungen auf eine nachfolgende Teillieferung verschoben werden. Damit wird das Projekt stabilisiert und es fließen nicht ständig neue Anforderungen in die laufende Entwicklung ein. Ein Lieferant muss sich so an die ursprüngliche Offerte einer Teillieferung halten und die Abnahmekriterien werden nicht verwischt. Dies kann bedeuten, dass ein Teil fertig gestellt wird, bei dem sich Auftraggeber und Auftragnehmer bewusst sind, dass er nochmals geändert wird. Die Vorteile, die klare Abnahmekriterien und eine bessere Verhandlungsposition bei der Aushandlung der Kosten für die Änderung mit sich bringen, sind jedoch enorm.

Ein Vertrag muss unbedingt Regeln für einen Abbruch beinhalten. Am besten ist es, ein generelles Ausstiegsrecht nach jeder Teillieferung zu vereinbaren. Damit werden der Möglichkeit des Lieferanten, auf Änderungsanträge durch ungerechtfertigte Preiserhöhungen zu reagieren, enge Grenzen gesetzt.

Um ein Projekt zu starten, muss ein Lieferant das Team und die Entwicklungsumgebung bereitstellen, sich in die Problemstellung einarbeiten und eine Offerte ausarbeiten. Diese Basiskosten hat er auch, wenn das Projekt nach der ersten Teillieferung abgebrochen wird. Entweder man vereinbart mit dem Lieferanten deshalb mögliche Abbruchkriterien wie beispielsweise bei stark verspäteter Lieferung oder man muss diese Aufwendungen im Gesamtzahlungsplan berücksichtigen, in dem man die Höhe der ersten Teilzahlung entsprechend anpasst.

6.3.4 Festpreisvertrag im Fallbeispiel

Würden diese Erkenntnisse auf das Magellan-Projekt angewendet, dann würde sich in etwa folgende Vereinbarung ergeben:

Der Projektstart für die Umsetzung eines Beispielprojektes wird für den 1. März vereinbart. Es wurden folgende funktional unterteilte Iterationen mit folgenden Lieferdaten vereinbart:

- 30. März Administration inkl. Basisarchitektur,

- 31. Juni Dokumenteneditor,

- 30. August Reports erstellen,

- 31. Mai Kundenverwaltung,

- 30. Oktober Auftrag generieren,

- 30. November Zahlungen erfassen.

Jede dieser Iterationen wird mittels eigener Testfälle abgenommen. Es werden je Iteration folgende Zahlungsströme vereinbart:

- 30% Anzahlung bei Iterationsbeginn,

- 50% bei erfolgreicher Abnahme (alle Abnahmepunkte müssen erfüllt sein),

- 10% nach Lösung anderer offener Punkte (festgestellten Abweichungen zur Spezifikation),

- 20% bei Abnahme gemäß Terminplan, also

- 110% Total.

Dieser Plan beinhaltet eine Bonuskomponente von 10%. Entweder der Lieferant gibt einen Preisnachlass von 10% bei Nichteinhalten des Terminplans oder aber er erhält 10% mehr als veranschlagt. Für den Lieferanten besteht dabei der erhebliche Anreiz von 20% Projektbudget, die Termine einzuhalten.

Es kann zusätzlich beispielsweise vereinbart werden, dass bei einer terminlichen Überschreitung einer Teillieferung von einem Monat das Projekt abgebrochen wird, wobei keine Beträge mehr geschuldet sind und alle bisherigen Arbeitsergebnisse in das Eigentum des Auftraggebers übergehen.

6.4 Ausgestaltung von Offshore-Dienstleistungsverträgen

Wir erinnern uns: Bei einem Dienstleistungsvertrag verrechnet der Lieferant die Arbeitszeit der eingesetzten Mitarbeiter. Ein Dienstleistungsvertrag ist opportun, wenn

- der Auftraggeber über eigene geeignete technische Führungskräfte verfügt,

- es sich um viele kleinere Aufgaben mit wechselnder Priorität handelt und

- rasch begonnen werden soll.

Die Auswahl der richtigen Offshore-Mitarbeiter stellt die größte Herausforderung bei einer Zusammenarbeit, die auf einem Dienstleistungsvertrag basiert, dar. Unsere Erfahrung zeigt, dass es keine andere Lösung gibt, als sich der Herausforderung zu stellen und durch sorgfältige telefonische Interviews und kleine Testprojekte ein geeignetes Team zusammenzustellen. Nur dann kann eine aufwandsbasierte Zusammenarbeit mit einem Offshore-Lieferanten empfohlen werden.

Der Offshore-Dienstleistungsvertrag ist einfach erstellt. Der wichtigste Punkt ist, dass die Mitglieder des Teams durch den Auftraggeber ausgewählt werden können. Konsequenterweise muss auch eine Frist für deren Ersatz festgelegt werden. Die konkrete Zusammenarbeit auf Basis eines Dienstleistungsvertrages ist anspruchsvoll. Auf dieses Thema wird im Kapitel Projektorganisation detaillierter eingegangen.

6.5 Vertragsmodelle in Abhängigkeit von der Projektphase

Anhand der Projektphasen vom Rational Unified Process wollen wir nachfolgend die unterschiedlichen Vertragsarten abhängig vom Projektstand einordnen. Im RUP wird der Lebenszyklus eines Softwareprojektes in verschiedene Phasen unterteilt. Diese werden Inception-, Elaboration-, Construction- und Transition-Phase genannt. Für jede dieser Phasen gibt es unterschiedliche Zielsetzungen und Schwerpunkte in den Tätigkeiten.

In der **Inception-Phase** wird ein gemeinsames Verständnis über die Projektziele und den Projektauftrag geschaffen. Es werden Überlegungen zu Rentabilität, Risiken und Chancen des Projektes angestellt. Die Inception-Phase stellt dem Management Entscheidungskriterien über die weitere Lancierung des Projektes zur Verfügung. Zu den wichtigsten Ergebnissen der Inception-Phase (in RUP werden Ergebnisse Artefakte genannt) gehört ein Visionsdokument, ein erster grober Projektplan, eine Liste mit den Risiken und ein Use-Case-Modell. Die zentralen Artefakte von RUP werden an späterer Stelle detaillierter ausgeführt.

In der **Elaboration-Phase** geht es einerseits darum, die Anforderungen zu klären, einen groben Lösungsentwurf zu erstellen und dessen technische Machbarkeit nachzuweisen. Nach der Elaberation-Phase ist das weitere Projektvorgehen und der Projektplan geklärt. Entsprechend werden die wichtigsten Use Cases detailliert, mit nicht funktionalen Anforderungen ergänzt, die Architektur bestimmt, technische Prototypen, welche eine lauffähige Architektur nachweisen, und eine detaillierte Projektplanung erstellt.

In der **Construction-Phase** liegt der Schwerpunkt auf der Umsetzung der Funktionalität. In dieser Phase werden die größten Teile des Codes erstellt sowie das Detaildesign spezifiziert und dokumentiert.

In der **Transition-Phase** geht es um die Auslieferung der Ergebnisse an die Benutzer. Sie beinhaltet alle Arbeitsschritte, welche für die Überführung des Projektes in den operationalen Betrieb notwendig sind. Dazu gehört auch die Endabnahme des Projektes.

Die bisherigen Darstellungen zum Vertragsmodell und der Projektorganisation erlauben einen möglichen Zusammenhang von Projektphasen, Vertragsmodellen, Arbeitsort und Verantwortung darzustellen.

Tabelle 5 Zusammenhang von Projektphasen und geeigneten Vertragsformen.

Phase	Inception	Elaboration	Construction	Transition
Empfohlener Arbeitsort	Beim Auftraggeber	Beim Auftraggeber	Offshoring	Offshoring oder beim Auftraggeber
Empfohlenes Vertragsmodell	Value Based Arrangement	Dienstleistungsvertrag	Festpreisvertrag oder je nachdem Dienstleistungsvertrag	Abhängig von der bisherigen Vertragsart
Lead	Projektleiter	Architekt und Projektleiter	Projektleiter	Projektleiter

Oft wird die Inception-Phase des Gesamtprojektes ohne Lieferant durchgeführt (er wird später evaluiert). Bei einem Value based Arrangement muss ein Offshore-Lieferant auch in die Rentabilitätsüberlegungen einbezogen werden und so wird dieser bereits in der Inception-Phase involviert.

In der Elaboration-Phase werden die Anforderungen erarbeitet. Sie sind großen Änderungen unterworfen. Eine Zusammenarbeit in dieser Projektphase mit einem Offshore-Lieferanten muss daher auf Basis eines Dienstleistungsvertrages vereinbart werden. In dieser Phase ist die Mitarbeit der Architekten entscheidend. Sie definieren und überprüfen die Zielarchitektur der Lösung.

Wurde die Elaboration-Phase bereits durchlaufen, bietet sich ein Festpreisvertrag an. Die Anforderungen und die Architektur sind weitgehend festgelegt. Das Projekt kann offshore umgesetzt werden.

Wurde ein Festpreisvertrag vereinbart, wird meist auch die Transition-Phase von diesem Vertrag abgedeckt.

6.6 Zusammenfassung

Nicht jedes Projekt eignet sich für die Realisierung mit einem Festpreisvertrag. Die Wahl der Vertragsform ist eine besonders wichtige Entscheidung. Festpreisverträge in Offshore-Projekten setzen eine besonders genaue Spezifikation und eine lange Vorlaufzeit für Verhandlungen voraus. Bei Festpreisverträgen besteht das Risiko der mangelnden Durchsetzbarkeit und nachträglichen Preiserhöhungen bei Änderungen. Diesen muss durch eine geeignete Vertragsgestaltung entgegengewirkt werden. Zusammenfassend werden folgende Elemente eines Festpreisvertrages vorgeschlagen:

Tabelle 6 Wichtige Elemente eines Offshore-Festpreisvertrages.

Zahlungsplan	Mehrstufiges Zahlungskonzept. Ein Teil der Zahlung erst bei erfolgreicher Abnahme. Einen Teil der Zahlung erst nach Beseitigung aller Mängel. Ein Teil der Zahlung erhält der Lieferant nur bei Termineinhaltung.
Teillieferungen	Es werden Teillieferungen abgenommen.
Abbruchkriterien	Die Entwicklung kann nach einer Teillieferung abgebrochen werden.
Änderungswesen	Änderungen werden wenn möglich auf eine nachfolgende Teillieferung übertragen.

Bei einem Dienstleistungsvertrag verrechnet der Lieferant die Arbeitszeit der eingesetzten Mitarbeiter. Ein Dienstleistungsvertrag ist opportun, wenn der Auftraggeber über eigene geeignete technische Führungskräfte verfügt, es sich um viele kleinere Aufgaben mit wechselnder Priorität handelt und rasch begonnen werden soll.

Bei einem Dienstleistungsvertrag sollen in jedem Fall die Mitarbeiter durch ein sorgfältig durchgeführtes Assessment ausgewählt werden.

6.7 Checkliste

Sind die Voraussetzungen für einen Festpreisvertrag erfüllt?

- Stabile Anforderungen
- Fertige und detailliert ausgearbeitete Spezifikation
- Zeit für Vertragsverhandlungen

Verfügen Sie im Fall eines Dienstleistungsvertrages über geeignete technische Führungskräfte?

Wählen Sie die Offshore-Mitarbeiter sorgfältig mittels eines Assessments aus?

Beinhaltet der Festpreisvertrag Ausstiegsoptionen?

Beinhaltet der Festpreisvertrag Teillieferungen?

Beinhaltet der Festpreisvertrag finanzielle Regelungen zu verspäteten Lieferungen, die durchsetzbar sind?

Beinhaltet der Festpreisvertrag finanzielle Regelungen bei ungenügender Lieferung, die durchsetzbar sind?

Sind die Abnahmekriterien für jede Teillieferung klar definiert?

7

Spezifikation

Eine Spezifikation wird in einem Projekt in jedem Fall vorgenommen, ob sie nun vorgängig schriftlich oder ad hoc im Projekt erfolgt. Wird etwas nicht schriftlich spezifiziert, muss es entweder mündlich während des Projekts unter Zeitdruck geklärt werden oder aber die Entwickler entscheiden über die Spezifikation. Stellen Sie sich zum Beispiel ein simples Eingabeformular vor, in dem ein Kunde erfasst werden kann. Welche Fragen stellen sich hinsichtlich der Spezifikation?

- Welche Vorgabewerte werden bei einem neuen Datensatz angezeigt?
- Welche Eingabewerte sind zugelassen?
- Welche Felder müssen ausgefüllt werden?
- Wie werden Eingaben formatiert?
- Wo steht der Cursor, nachdem das Formular geladen wurde?
- Wie ist die Tab-Reihenfolge?
- Wann ist welcher Button aktiv?
- Was ist die Fehlermeldung, wenn ein Muss-Feld nicht ausgefüllt wird?
- Wie sind die Übersetzungen aller Bezeichner?
- Was geschieht, wenn während der Bearbeitung ein anderer Benutzer den Datensatz geändert hat?
- Wie ist der Status des Formulars, wenn es gespeichert wurde?
- Wie ist der Status des Formulars, wenn ein Datensatz gelöscht wurde?
- Welche Listenelemente enthält das Drop-down „Anrede"?
- Was passiert, wenn ein Kunde zweimal erfasst wird?
- …

Über all diese Punkte wird irgendwann entschieden. Die Frage ist, wer alles diesen Entscheid beeinflusst. Wenn die Entscheidungen durch den Entwickler getroffen werden: Hat der Entwickler den notwendigen Hintergrund? Werden seine Entscheidungen dann bei der Abnahme akzeptiert?

Eine Spezifikation zu verfassen, die nicht zu Missverständnissen führt und den Klärungsbedarf in Grenzen hält, ist eine der größten Herausforderungen in Offshore-Projekten. In diesem Kapitel wird dargelegt, wie eine für Offshore-Entwicklung geeignete Spezifikation aufgebaut werden muss und welche inhaltlichen Aspekte besonders beachtet werden müssen. Es wird gezeigt, welche Hilfsmittel dabei Unterstützung leisten.

7.1 Was ist eine Spezifikation?

Unter einer Spezifikation werden Entwicklungsvorgaben für eine zu erstellende Software verstanden. Sie besteht aus verschiedenen Komponenten:

- Beschreibung der fachlichen Funktionen inklusive Schnittstellenbeschreibung zu User Interface und anderen externen Schnittstellen

- Vorgaben an die Applikationsarchitektur und Vorgaben zum Design und den Codierungsstandards

- Vorgaben an die zu verwendende Entwicklungssprache, Funktionsbibliotheken, Frameworks und andere Werkzeuge wie Entwicklungsumgebung, Versionskontrollsystem, Testtool und Datenbank

- Weitere Vorgaben zum Mengengerüst, zu Reaktionszeiten, Ausfallsicherheit und Sicherheitsrichtlinien

- Vorgaben zur Laufzeitumgebung und zum Betrieb, also zur Infrastruktur und zum Deployment

- Testfälle

7.2 Nutzen einer Spezifikation

Eine Spezifikation soll die Entwickler in die Lage versetzen, genau zu verstehen, welche Eigenschaften und Funktionen das vom Auftraggeber gewünschte System beinhalten soll. Auf der Grundlage der Spezifikation wird die Applikation umgesetzt.

Eine Spezifikation wird auf der Basis von Anwenderforderungen der Stakeholder erarbeitet. Sie macht Vorgaben, wie die Anwenderforderungen umgesetzt werden sollen, d.h. sie beinhaltet auch technische Vorgaben zum Aufbau der Architektur, zum User Interface etc. Sie wird daher in Zusammenarbeit mit Entwicklern oder Systemarchitekten basierend auf Anwenderforderungen aller Stakeholder erarbeitet. Sie ist das Ergebnis von fachlichen Anwenderforderungen und technischer Machbarkeit.

Eine Spezifikation soll konsistent, vollständig, hinreichend genau und verständlich sein. Verknüpfungen unter den Anforderungen sollen ersichtlich (Traceability) und das Dokument soll so aufgebaut sein, dass es einfach zu ändern und zu pflegen ist. Änderungen an der Spezifikation sollen jederzeit nachvollzogen werden können.

7.3 Grenzen einer Spezifikation

Eine Spezifikation hat in vielen Projekten nicht die Form eines Dokumentes. Sie besteht beispielsweise aus verschiedenen Skizzen, welche das Projektteam auf Whiteboards festgehalten hat. Neue agile Methoden propagieren sogar ein solches weniger formales Vorgehen. Auch wenn eine Spezifikation sorgfältig schriftlich geführt wird, enthält sie in den meisten Fällen nur das Endergebnis der bisherigen Analyse und dokumentiert nicht den Erkenntnisprozess, welchen das Projektteam durchlaufen hat. So wird nicht dokumentiert, warum sich das Projektteam für eine bestimmte Lösungsvariante entschieden hat. Es wird auch nicht festgehalten, warum bestimmte Anforderungen angeführt werden.

Als Reaktion finden mit den Entwicklern viele klärende Gespräche statt. Oft sind dies informelle Diskussionen, die während der Pausen oder des Mittagessens geführt werden. Wahrscheinlich kennen Sie solche Gespräche aus eigenen Projekten. In den Diskussionen werden mangelndes fachliches Verständnis, Inkonsistenzen oder Unvollständigkeiten in der Spezifikation geklärt. Im Projekt Magellan stellt beispielsweise ein Entwickler die Frage, ob es unterschiedliche Reservierungssysteme gibt, mit denen Reservierungen erstellt werden. Manche Fragen sind schwieriger zu beantworten: „Was passiert mit einer Rechnung, wenn der Kunde, der auf der Rechnung als Rechnungsempfänger erscheint, gelöscht wird?" Andere Fragen gehen über die bestehende Spezifikation hinaus: „Was waren eigentlich die Gründe, weshalb sich die Geschäftsleitung gerade für dieses Projekt entschieden hat?" oder „Warum ist es so wichtig, dass die Rechnung in einem interaktiven Editor bearbeitet werden kann?"

Mit der Zeit entsteht als Ergebnis dieser Diskussionen ein umfassendes Projektverständnis. Das Wissen um die Eindrücke aus den Befragungen und Beobachtungen der Benutzer zu Beginn des Projektes, die Erkenntnisse aus den ersten Gesprächen mit dem Management und anderen Anspruchsgruppen wird in solchen Diskussionen an die Entwickler transferiert, ohne dass es Bestandteil der ursprünglichen Spezifikation gewesen wäre. Die Projektmitarbeiter entwickeln ein gemeinsames Modell über die zu erstellende Software, über die Gründe, die zu dem Projekt geführt haben, über die Ursachen einzelner Anforderungen oder aber ganz generell über die Projektziele. Es versetzt die Entwickler in die Lage, die Spezifikation zu vervollständigen, zu beurteilen und Ungenauigkeiten, Inkonsistenzen oder sogar fachliche Fehler früh zu erkennen. Die Antworten auf diese Fragen sowie Präzisierungen, Korrekturen und Ergänzungen fließen aber praktisch nie in die schriftlichen Vorgaben ein. Sie bleiben das informelle Wissen des Projektteams.

7.4 Herausforderung Offshoring

Es ist meine Erfahrung, dass diese informelle oder mündlich geführte Klärung mit einem Offshore-Software-Unternehmen nicht wirtschaftlich ist, es sei denn, entscheidende Know-how-Träger sind über einen längeren Zeitraum im Ausland vor Ort. Klärende Telefongespräche oder Videokonferenzen sind aufgrund der sprachlichen Barrieren schwierig und bleiben unbefriedigend. Diskussionen per Chat sind zwar sprachlich einfacher, jedoch weitaus zeitintensiver und beinhalten zudem mehr Potential für Missverständnisse.

7.5 Best Practices für Spezifikationen im Offshoring

Die Lösung dieser Problematik liegt vielmehr in einer wesentlich verbesserten und mit konsequentem Change Management geführten Spezifikation. Damit die Spezifikation auch für einen Partner, welcher nicht in den Prozess der Anforderungserhebung oder des Produktdesigns involviert war, hinreichend verständlich ist, müssen verschiedene Aspekte berücksichtigt werden. Diese werden nachfolgend erläutert.

7.5.1 Vom Generellen zum Spezifischen

Ich halte es für entscheidend wichtig, auch generelle Überlegungen Entwicklern in Form einer ausgearbeiteten Vision mitzuteilen. Dazu gehören insbesondere eine Beschreibung des Auftraggebers und der wesentlichen Business-Ziele des Projektes, eine grobe Beschreibung des Geschäftes der zukünftigen Benutzer, eine Beschreibung des Kundennutzens und andere wichtige Überlegungen, die das Produkt geprägt haben. Diese Hintergrundinformationen dienen nicht nur zum Verständnis, sondern auch zur Motivation. Sie helfen den Entwicklern, sich mit ihrer Aufgabe zu identifizieren und mitzudenken.

Nachfolgend werden anhand der Fallstudie dazu die Abschnitte Produktnutzen und Produktphilosophie aus dem Visionsdokument von Magellan zitiert.

Produktnutzen

Die Beschreibung einer Reiseleistung ist praktisch für jede Reise unterschiedlich. Die genauen Reiseleistungen werden in einem Reservierungssystem ausgewählt, zusammengestellt, konfiguriert und schließlich gebucht. Damit ein Sachbearbeiter diese Reisedaten für eine Rechnungsstellung nicht erneut erfassen muss, gibt es eine umfangreiche Schnittstelle zu dem Frontoffice System. Damit wird der erste zentrale Nutzen von einem Midoffice System für Reisebüros deutlich: Es geht um die Automatisierung der zuweilen sehr aufwendig gestalteten Kundendokumente.

Neben der Automatisierung bietet die Auftragsbearbeitung die Möglichkeit, diese Daten effizient auszuwerten. Auswertungen erlauben dem Geschäftsführer und dem Kundenbetreuer eines Reisebüros den Prozess der Auftragsabwicklung zu überwachen (z.B. welcher Kunde schuldet Geld) und zu optimieren (wo sollten zukünftig Leistungen eingekauft werden um von besseren Rabatten zu profitieren) ...

Solche Hintergrundinformationen ermöglichen es den Entwicklern zu verstehen, wozu die Applikation gebaut wird und welche Faktoren beim Design prägend waren, und geben ein besseres Gefühl für die Anliegen des Auftraggebers.

7.5.2 Vom Konkreten zum Abstrakten

Während der Anforderungserhebung entsteht durch die Beobachtung oder Beschreibung konkreter Szenarien ein grundlegendes Verständnis über die fachlichen Abläufe. Später im Projektverlauf werden diese Szenarien abstrahiert und als Use Cases beschrieben. Für Projektmitarbeiter, welche die fachlichen Grundlagen der Applikation nicht kennen und nicht in diesen Prozess involviert waren, ist es deshalb sehr hilfreich, wenn in der Dokumentation Beschreibungen konkreter und realer Szenarien angeführt werden. Im Fallbeispiel von Magellan würde eine gekürzte Beschreibung eines Szenarios wie folgt aussehen:

Herr und Frau Brugger möchten gerne nach Gran Canaria. Um die Reise zu buchen, gehen sie in ein Reisebüro. Die Reisebüromitarbeiterin fragt nach der gewünschten Hotelklasse, Reisedatum und andere Kundenwünschen. Basierend auf diesen Angaben zeigt sie den Kunden in verschiedenen Prospekten mögliche Angebote. Herr und Frau Brugger interessieren sich für eine Reihe von Angeboten. Die Reisebüromitarbeiterin überprüft im Reservierungssystem CETS, ob es in der Woche vom 11.9.–28.9. noch freie Zimmer in einem Viersternehotel auf Gran Canaria und ob es noch Platz auf einem passenden Flug gibt. Nachdem Herr und Frau Brugger ein Angebot ausgewählt haben, löst die Kundenbetreuerin eine Reservierung aus, die nun vom Reservierungssystem CETS an den Import Server übermittelt wird [...]. Als Nächstes überprüft die Kundenbetreuerin, ob sie Herrn und Frau Brugger schon als Kunden in ihrer Kundendatenbank erfasst hat. Sie sucht in Magellan nach dem Namen „Brugger" und findet auf der Ergebnisliste anhand der Adresse ihre Daten. Sie fragt Herrn und Frau Brugger, ob die Adresse, welche sie in der Kundendatenbank hat, noch stimmt [...].

Obiges Szenario beschreibt einen Ablauf, der im Wesentlichen vor der Nutzung der zu entwickelnden Software Magellan liegt. Erst nachdem die Reservierung vom Import Server entgegengenommen wurde, beginnt die Kundenbetreuerin mit Magellan zu arbeiten. Diese Beschreibung stellt die Applikation in einen übergeordneten Kontext. Sie macht es für zukünftige Entwickler einfacher, einen Überblick über den Gesamtprozess zu gewinnen und zu verstehen, wie sich die zu erstellende Software in diesen Prozess einfügt. Später im Use Case heißt es dann nur noch abstrakt: „Vorbedingung: Reservierung wurde importiert" und es ist offensichtlich, dass Entwickler, die bisher nicht in das Projekt involviert waren, damit nichts anfangen können.

Die Szenarien können in der Spezifikation geschickt genutzt werden, indem sich die User-Interface-Vorgaben ebenfalls auf die erwähnten Szenarien beziehen. Das heißt, die User-Interface-Prototypen bilden beispielhaft die beschriebenen Szenarien ab. Damit wird das Szenario weiter konkretisiert und ausgebaut und die Entwickler verstehen die User-Interface-Komponenten und deren Zusammenspiel viel einfacher. Daher ist es ein Vorteil, wenn sich nicht nur einzelne, sondern alle User-Interface-Prototypen auf ein konsistentes Szenario stützen.

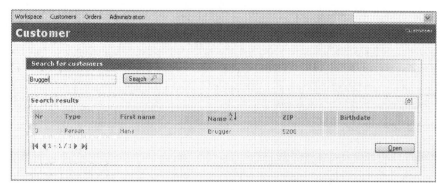

Abb. 6 Die User-Interface-Vorgabe Kundensuche nimmt Bezug auf das beschriebene Szenario.

7.5.3 Die richtige Gliederung

Damit eine Spezifikation verständlich und übersichtlich wird, muss sie sowohl eine für Entwickler sinnvolle Gliederung beinhalten wie auch einen geeigneten Zugang und Einstieg zu den einzelnen Themenbereichen liefern. So könnte eine Spezifikation beispielsweise nach Use Cases gegliedert werden. Eine solche Gliederung ist jedoch nicht für die Entwicklung geeignet. Sie richtet sich vielmehr an die Auftraggeber. Entwickler benötigen eine Gliederung, in der alle Anforderungen, die sich auf ein bestimmtes Fachthema beziehen, aufgeführt werden. Sie spiegelt die interne Architektur des Systems (Business Layer) wider. Ideal ist die Darstellung der Fachbereiche anhand eines Domänen-Modells. Es stellt nicht die Abläufe, sondern die unterschiedlichen Domänen, ihre Beziehungen untereinander und die dazugehörigen Methoden in den Vordergrund.

Die fachlichen Abläufe in Magellan würden unterteilt in:

- Reservierungen
- Kunden
- Aufträge
- Rechnungen

- Reiseprogramme
- Zahlungen

Es macht dabei Sinn, als erstes die Domänen grob zu erläutern und ihre Beziehungen untereinander zu erklären, bevor auf jede einzelne Domäne eingegangen wird. Die Domänen, ihre Attribute und Methoden werden im Anschluss im Detail erklärt. Es wird erläutert, wo die Domäne im User Interface bearbeitet werden kann. Eine mögliche Gliederung einer Spezifikation könnte somit wie folgt aufgebaut sein:

1. Vision
2. Szenarien
3. Use Cases
4. Überblick über das Domänenmodell
5. Auftrag
    1. Attribute und Struktur
    2. Beziehungen
    3. Methoden mit Bezug zu Use Cases
    4. User Interface
6. Nächste Domäne
7. ...

Die Domäne Auftrag kann dann detailliert beschrieben werden:

Auftrag

Verknüpfungen

Eine gebuchte Reise wird in einem Auftrag zusammengefasst. Ein Auftrag enthält verschiedene Auftragspositionen, Rechnungen, Reiseprogramme und Zahlungen. Er ist mit einem Kunden, einem User, der ihn erstellt hat, einem User, der ihn zuletzt bearbeitet hat, und mit Reservierungen, aus denen er hervorgegangen ist, verknüpft.

Atttribute

Ein Auftrag beinhaltet folgende Attribute:

Titel: Char 30

Notizen: Blob

Methoden

Die zentralen Methoden eines Auftrages sind:

GenerateOrder
(Customer, List of Reservations, Title, OrderFee, ListOfDocuments)
ModifyOrder
(Reservation)

Generate Order wird im Use Case „Auftrag abwickeln" aufgerufen. Sie beinhaltet folgende Funktionalität:

[...]

7.5.4 Kommunikation über die Spezifikation

Auch wenn großes Gewicht auf die Verständlichkeit der Spezifikation gelegt wurde, kommt es im Verlaufe des Projektes zu vielen Fragen und Klärungen. Das lässt sich nicht vermeiden. Es ist aber wichtig, die daraus gewonnenen Erkenntnisse wieder in die Spezifikation einfließen zu lassen. Auch eine Frage, die mit einem Hinweis auf die Spezifikation geklärt werden kann, weist allenfalls auf einen Sachverhalt hin, der nicht deutlich genug erklärt wurde. Nützlich ist es, die Fragen anhand einer Erweiterung der Spezifikation zu beantworten. Ebenfalls hilfreich ist, einen separaten Abschnitt mit Fragen und Antworten anzuführen. Nur wenn die Spezifikation auch während der Implementation gepflegt wird, ist sie am Ende noch aktuell und dient auch als Grundlage für die Abnahme. Jede Änderung an der Spezifikation muss nachvollzogen werden können. Es ist Sache des Offshore-Partners, Einspruch zu erheben, wenn er der Meinung ist, dass eine Änderung der Spezifikation eine Kosten- oder Terminänderung notwendig macht. Damit wird sichergestellt, dass der Offshore-Software-Partner die Änderungen sorgfältig mit verfolgt. Dies ist mit ihm zu Beginn des Projektes so zu vereinbaren.

7.5.5 Arbeiten mit dem richtigen Tool

Damit Änderungen nachvollzogen werden können, ist ein passendes Hilfsmittel erforderlich. Es existiert eine ganze Reihe von Requirements Management Tools, die Unterstützung leisten. Diese erlauben jedoch nicht den

Aufbau einer Spezifikation im oben genannten leserfreundlichen Stil. Daher empfiehlt es sich die Spezifikation mit einem Wiki zu erstellen. Ein Wiki ist eine Sammlung von Webseiten, die von den Benutzern nicht nur gelesen, sondern auch online geändert werden kann. Wie bei Hypertexten üblich, sind die einzelnen Seiten und Artikel eines Wikis durch Querverweise miteinander verbunden. Wikis ähneln damit Content-Management-Systemen. Ein geeignetes Wiki hat ein ausgefeiltes Änderungswesen. Auch wenn Dokumente betroffen sind, die nicht direkt als Wiki-Seiten enthalten sind, werden diese versioniert.

7.6 Anhang zur Spezifikation: Ausführliches Fallbeispiel

Nachfolgend wollen wir anhand eines ausführlichen und realen Beispiels verdeutlichen, wie eine auch für Offshore-Lieferanten verständliche Spezifikation eines kleineren funktionalen Bereichs aussehen könnte.

Ausgangslage

Magellan deckt alle administrativen Prozesse ab, welche einen Reisebüro-Kundenbetreuer betreffen. Die Kundenbetreuer müssen auch eine Kasse führen. Deshalb ist diese sonst typischerweise in einem Backoffice (Finanzbuchhaltung) anzutreffende Funktion auch Bestandteil von Magellan.

Szenarien

Szenario mit Vorlage

Die Reisebüromitarbeiterin Beatrice nimmt am 18.12.2006 CHF 100.00 aus der Kasse und kauft neue Sichtmappen ein – diese kosten CHF 25.00. Sie kommt zurück, legt den Retourbetrag von CHF 75.00 zurück in die Kasse und heftet die Quittung auf einen A4-Zettel, den sie in einen Ordner ablegt. Sie erfasst in Magellan einen Kassenausgang mit der Vorlage Büromaterialeinkauf, der folgende Daten enthält:

Attribut	Wert
Datum	18.12.2006
Buchungsvorlage	Büromaterialeinkauf
Betrag	25.00
Text	Kauf von Sichtmappen

Szenario ohne Vorlage

Die Buchhalterin Sonja nimmt am 22.12.2006 CHF 1000.00 für ein Weihnachtsessen aus der Kasse. Das Weihnachtsessen kostete CHF 800.00. Sie kommt zurück, legt den Retourbetrag von CHF 200.00 zurück in die Kasse und heftet die Quittung der Restaurantrechnung auf einen A4-Zettel, den sie in einen Ordner ablegt. Sie erfasst in Magellan einen Kassenausgang für das Weihnachtsessen. Da es keine entsprechende Vorlage gibt, erfasst sie direkt einen Buchungssatz:

Attribut	Wert
Datum	22.12.2006
Soll Konto	Allgemeiner Personalaufwand
Haben Konto	Kasse
Betrag	800.00
Text	Weihnachtsessen im Rest. Kronen, Bubikon

Generelle Anforderungen

Buchungen, mehrere Kassen: Wenn Barzahlungen entgegengenommen werden, müssen diese in eine Kasse abgelegt werden. Reisebüromitarbeiter führen entweder eine gemeinsame Kasse pro Filiale oder pro Mitarbeiter eine separate Kasse. Bar-Einzahlungen von Kunden oder Auszahlungen an Kunden müssen daher auf eine bestimmte Kasse gebucht werden können.

Buchungen, auftragsbezogene Zahlungen: Magellan fügt bei auftragsbezogenen Zahlungen automatisch die notwendigen Transaktionen zur Kasse hinzu. Um eine vollständige Kassenführung zu ermöglichen, muss es daher möglich sein, auch nicht auftragsbezogene Kassentransaktionen wie den Einkauf von Büromaterial abwickeln zu können.

Buchungen, generelle Kassenbewegungen: Natürlich gibt es auch Kasseneingänge und -ausgänge, die nicht im Zusammenhang mit einer Kundenzahlung stehen. Daher muss es möglich sein, generelle Kasseneingänge und -ausgänge – also Buchungssätze – zu erfassen.

Buchungen, Vorlagen: Reisebüromitarbeiter, die Kunden betreuen, haben in der Regel keine buchhalterischen Kenntnisse. Daher können sie eine so genannte Zahlungsvorlage auswählen. Eine Zahlungsvorlage bezeichnet einen buchhalterischen Geschäftsfall wie beispielsweise einen „Einkauf von Büromaterial". Zu jeder Vorlage ist ein Soll- und Haben-Konto definiert, das beim Anfügen der Zahlung berücksichtigt wird. Damit ist es nicht notwendig, dass die Reisebüromitarbeiter den Buchungssatz kennen.

Buchungen, ohne Vorlagen: In Einzelfällen kann aber trotzdem die Erfassung von Buchungssätzen notwendig sein, für die es keine Vorlage gibt. Sonst muss für jeden denkbaren Geschäftsfall eine Vorlage vorhanden sein. Daher soll es auch möglich sein, direkt die Konten zu wählen.

Buchungen, Kassenbestand überprüfen und korrigieren: Der Kassenbestand wird regelmäßig überprüft, in der Regel täglich. Dazu lässt sich der Reisebüromitarbeiter einen Kassenbestand anzeigen. Stimmt er nicht mit dem tatsächlichen Geldbetrag in der Kasse überein, beginnt der Mitarbeiter die ausgedruckten Quittungen mit einem in Magellan erstellten Kassenjournal zu vergleichen und sucht nach fehlenden oder doppelten Einträgen. Wird er auch hier nicht fündig, muss er eine Ausgleichsbuchung anfügen, welche wieder den richtigen Kassenbestand sicherstellt. Bei der Eröffnung eines Kontos muss es daher möglich sein, einen Anfangsbestand mit Anfangsdatum zu definieren.

Beschreibung Domäne Buchung

Eine Buchung ist einem Soll- und einem Haben-Konto zugeordnet. Die Buchungsvorlage wird lediglich für die Defaultwerte des Buchungssatzes verwendet. Die Buchung ist daher nicht mit der Buchungsvorlage verknüpft. Die Buchung wurde von einem bestimmten Mitarbeiter ursprünglich erfasst.

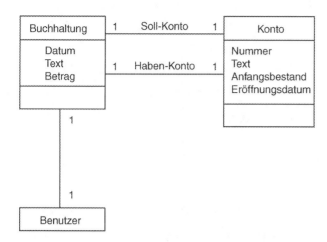

Abb. 7 Domäne Buchung.

Use Case: Kasseneingang oder -ausgang verbuchen

Akteure: Kundenbetreuer, Buchhalter

Vorbedingungen: User ist angemeldet

Standardablauf

1. Akteur wählt die Buchungsvorlage
2. System schlägt aufgrund der Buchungsvorlage den Buchungssatz vor
3. Akteur erfasst die anderen Buchungsdaten wie das Datum, den Betrag und den Text

Alternativablauf: Es ist keine passende Buchungsvorlage vorhanden:

1. Akteur wählt Soll- und Haben-Konto
2. Akteur erfasst die anderen Buchungsdaten wie das Datum, den Betrag und den Text

Nachbedingungen: Buchung erfasst

User Interface

UI Flow-Diagramm

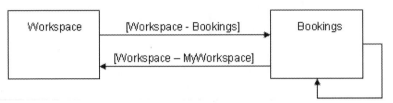

Abb. 8 UI Flow-Diagramm Buchung erfassen.

UI Screenshot

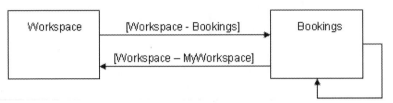

Abb. 9 UI Screenshot Buchung erfassen.

Defaultwerte

Feld	Wert
Datum	Heutiges Datum
Soll-Konto	Abhängig von der gewählten Buchungsvorlage
Haben-Konto	Abhängig von der gewählten Buchungsvorlage

Muss-Felder

Text, Datum, Soll-Konto, Haben-Konto

Feldtypen

Feld	Wert
Datum	Datumsfeld
Betrag	Währung
Text	Textfeld

Events

Button Anfügen zeigt einen neuen, leeren Buchungs-Datensatz an.

...

7.7 Zusammenfassung

Eine Spezifikation, wie sie für lokal umgesetzte Projekte verwendet wird, ist für Offshore-Projekte nicht ausreichend. Sie spiegelt nur das Endergebnis eines längeren Erkenntnisprozesses während des Requirements Engineerings und Designs und nicht den Erkenntnisprozess selbst wider. Andererseits stellt sie die Wartbarkeit des Dokumentes und nicht die Verständlichkeit in den Vordergrund. Diese Mängel werden meist durch eine intensive informelle und mündliche Klärungsphase behoben. Dies ist in der Zusammenarbeit mit einem Offshore-Partner nur bedingt möglich. Wir empfehlen deshalb folgende Best Practices in Bezug auf die Verfassung einer Spezifikation:

- **Vom Generellen zum Spezifischen:** Bevor die Funktionalität erläutert wird, ist eine Darstellung des Auftraggebers, der Business-Ziele des Projektes, des Geschäftsfeldes der zukünftigen Benutzer, des Produktnutzens und der Produktphilosophie erforderlich.

- **Vom Konkreten zum Abstrakten:** Use Cases sollen mit konkreten Szenarien erläutert werden. Diese Szenarien für die Spezifikation des User Interfaces und Testfälle wieder aufnehmen.

- **Gliederung anhand Domänen:** Das Dokument in seiner Gliederung der Denkweise der Entwickler anpassen und es anhand der Domänen gliedern.

- **Kommunikation über die Spezifikation:** Alle Fragen anhand einer Erweiterung der Spezifikation beantworten.

- **Change Management:** Ein Wiki verwenden, das Änderungen nachvollziehbar macht. Den Lieferanten dafür verantwortlich machen, sein Veto einzulegen, wenn eine Änderung der Spezifikation Auswirkungen auf Termine und Budget hat.

7.8 Literaturhinweise

Eine besonders gute und verständliche Übersicht zum Thema Requirements Engineering und Spezifikation liefert das Buch von Karl Wiegers:

Wiegers, Karl (2003): „Software Requirements". 2nd Edition, Microsoft Press.

Interessant sind auch die weiterführenden Gedanken von Wiegers, insbesondere auch zu den Grenzen von Use Cases als Mittel zur Spezifikation:

Wiegers, Karl (2006): „More About Software Requirements: Thorny Issues and Practical Advice". Microsoft Press.

Eine einzigartige Darstellung des Zusammenhanges zwischen RUP, UML und OOA und OOD bietet das folgende umfassende Werk:

Larman, Craig (2005): „Applying UML and Patterns – An introduction to Object-Oriented Analysis and Design and Iterative Development". Prentice Hall.

7.9 Checkliste

Sind die Anforderungen für die spezifizierte Software stabil? Wurde dies durch Einbezug aller betroffenen Stakeholders, verständliche, auf Szenarien basierende horizontale Prototypen und vertikale Prototypen sichergestellt?	Sehr wichtig
Beinhaltet die Spezifikation eine Beschreibung des Auftraggebers, eine Beschreibung der wesentlichen Business-Ziele des Projektes, eine grobe Beschreibung des Geschäftes der zukünftigen Benutzer, eine Beschreibung des Kundennutzen und andere wichtige Überlegungen, die das Produkt geprägt haben?	Wichtig
Beinhaltet die Spezifikation konkrete Szenarien?	Sehr wichtig
Werden die Szenarien auch für Testcases und Storyboards verwendet?	Wichtig
Wurde ein Domainmodell oder Klassenmodell vorgegeben?	Wichtig

Ist die Spezifikation des UI hinreichend genau und vollständig? Werden beispielsweise bei den User-Interface-Prototypen folgende Elemente definiert? — Wichtig

- Grafische Styleguides
- Typen und Längen aller Felder
- Anzeigeformatierung von Feldern
- Defaultwerte
- Validierungsbedingungen
- Fehlermeldungen
- Fehlerbehandlung
- Ausgangsbedingungen beim Laden des UI
- Tastaturbedienung inkl. Tab-Reihenfolge
- Listeninhalt von Auswahlfeldern
- Performance-Anforderungen
- Übersetzungen bei mehreren Sprachen
- Bilder

Sind für externe Schnittstellen Simulationsprogramme vorhanden? Oder hat das Entwicklungsteam eine Testversion der Schnittstelle inkl. Testdaten?	Sehr wichtig

Gibt es eine detaillierte Schnittstellendefinition?	Wichtig
Sind Testdaten vorhanden? Wurde eine Datenbank mit Testdaten vorbereitet?	Wichtig
Sind nicht-funktionale Anforderungen definiert? Wird festgelegt, wie die Erfüllung der nicht-funktionalen Anforderungen bei der Abnahme festgestellt wird?	Sehr wichtig
Gibt es definierte Abnahmetestfälle mit genauen Vorgaben aller Input- und Outputdaten? Sind Schnittstellendaten für die Testfälle vorbereitet? Können die Schnittstellen für die Testfälle bedient werden?	Sehr wichtig
Sind Testscripts für automatisierte Abnahmetestfälle vorhanden?	Sinnvoll
Beinhaltet die Spezifikation Vorgaben an die Applikationsarchitektur und Vorgaben zum Design und den Codierungsstandards?	Wichtig
Beinhaltet die Spezifikation Vorgaben an die zu verwendende Entwicklungssprache, Funktionsbibliotheken, Frameworks und andere Werkzeuge wie Entwicklungsumgebung, Versionskontrollsystem, Testtool und Datenbank?	Wichtig
Beinhaltet die Spezifikation Vorgaben zum Mengengerüst, zu Reaktionszeiten, Ausfallsicherheit und Sicherheitsrichtlinien?	Sehr wichtig
Beinhaltet die Spezifikation Vorgaben zur Laufzeitumgebung und zum Betrieb, also zur Infrastruktur und zum Deployment?	Sehr wichtig
Beinhaltet die Spezifikation System- und Wartungsfunktionalitäten?	Sinnvoll
Wird die Dokumentation mit einem Wiki dokumentiert?	Sinnvoll
Wird ein Versionskontrollsystem eingesetzt?	Sehr wichtig
Wird sichergestellt, dass auch Präzisierungen in die Spezifikation einfließen?	Wichtig

8

Lieferantenwahl

8.1 Kriterien für die Lieferantenevaluation

Die Vorgehensweise und die Kriterien zur Wahl eines Lieferanten unterscheiden sich in Offshore-Projekten bemerkenswert wenig von denen anderer Outsourcing-rojekte. Es gibt eine Vielzahl von Beurteilungskriterien für einen möglichen Outsourcing-Lieferanten. Dazu gehören beispielsweise:

- Finanzielle Stabilität
- Prozess- und Methodenkompetenz
- Teamqualifikation
- Technische Kompetenz
- Management-Kompetenz
- Know-how im Fachgebiet der Applikation
- Stundensätze (Offerte)
- Unternehmensgröße
- Verfügbarkeit
- Akzeptanz der Vertragskriterien
- Referenzen und Reputation

Zusätzlich zu den normalen Outsourcing-Kriterien kommen bei der Wahl von Offshore-Ländern weitere Kriterien hinzu, wie:

- Verfügbarkeit von qualifiziertem Personal,
- politische und wirtschaftliche Stabilität,

- Sprachkenntnisse,

- Zeitververschiebung und Reisezeit.

Diese zusätzlichen Kriterien hängen jedoch nicht nur von einem potentiellen Lieferanten, sondern generell von der Offshore-Region ab. So ist eine kurze Auseinandersetzung mit den Unterschieden der wichtigsten Offshore-Standorte hinsichtlich dieser Kriterien notwendig und sinnvoll.

8.2 Wichtigste Offshore-Regionen

Das traditionelle Offshore-Land ist Indien. Viele Länder versuchen, den Erfolg Indiens bei IT-Dienstleistungen zu kopieren. Allerdings zeigen die Exportstrukturen, dass Indien offenbar einen ausgeprägten komparativen Vorteil besitzt. Der Anteil der Exporte einer Branche an den Gesamtexporten eines Landes wird in der Literatur häufig als Indikator für den offenbarten komparativen Vorteil gedeutet. Dabei wird angenommen, dass Länder Wettbewerbsvorteile in den Bereichen besitzen, in denen sie überdurchschnittlich viel exportieren. Bei der Darstellung beschränken wir uns auf typische Offshore-Länder und lassen die Industrienationen weg.

Indiens Exportanteil liegt bei über 17%. Derjenige der osteuropäischen Länder liegt zwischen 2 und 3%. Die Bedeutung des komparativen Vorteils von Indien nimmt zudem zu. Der Indikator von Indien ist in den letzten Jahren um durchschnittlich 4,5% gestiegen, wobei derjenige der europäischen Länder um 3% gesunken ist.

Trotzdem nehmen für die westeuropäischen Länder die Länder Osteuropas eine besondere Stellung ein, da sie einfach erreichbar sind und auch kulturell weniger Unterschiede bestehen. In den nachfolgenden Abschnitten wird daher genauer auf Indien und Osteuropa als mögliche Offshore-Standorte eingegangen.

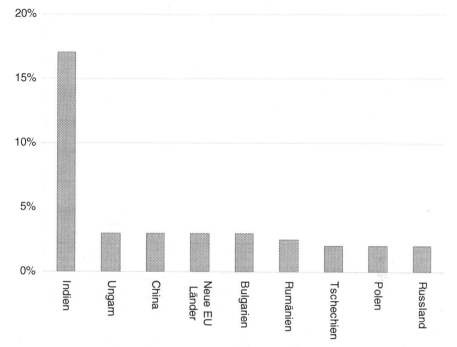

Abb. 10 Komparativer Vorteil gemessen in Exportanteil des IT-Sektors gemessen am Gesamtexport eines Landes. Quelle: Offshore Report, Deutsche Bank Research 2005.

8.2.1 Indien[1]

Die Nachfrage nach indischen Ingenieuren ist immer noch ungebrochen. Jährlich nimmt das Exportvolumen und die Zahl der im IT-Sektor Beschäftigten mit Wachstumsraten von 16%–20% zu. Momentan sind 700 000 Mitarbeiter im IT-Sektor beschäftigt, das sind doppelt so viele wie in Deutschland.

Indiens Angebotsmarkt ist unterteilt in Cluster. Dabei dominieren die vier ursprünglich staatlich geförderten Technologiezentren Bombay (Mumbai), Hyderabad, Delhi und Bangalore den restlichen Markt. Um sie herum entstanden große Arbeitsmärkte und Ausbildungszentren. Nachfolgend findet sich eine Übersicht mit Beispielen von wichtigen Unternehmen und Universitäten:

---

[1] Siehe dazu auch: Schaaf, Jürgen (2005). Outsourcing nach Indien: der Tiger auf dem Sprung. Aktuelle Themen Nr. 335. Deutsche Bank Research.

Tabelle 9 Angebots-Cluster für IT in Indien.

Region	Wichtige Anbieter	Wichtige Universitäten
Bombay	TCS, PCS, Tata Infotech, Mastek, Aptech Datamatics, Silverline	IIT Bombay, Bombay University, Bajaj Institute of Management
Delhi	HCL, NIIT, CMC	IIT Delhi, Delhi College of Engineering, Dehli University, Roorkee University of Engineering
Hyderabad	Satyam	J.N. Technological University, Hyderabad University, Osmania University, Kakatiya University
Bangalore	Infosys, WIIPRO	IISc, University Visvesraya College of Engineering, SKSJ Technology Institute, Indian Institute of Management

Die unglaubliche Größe des indischen Softwaremarktes macht es praktisch unmöglich, die Ausbildung potentieller Mitarbeiter zu beurteilen. Es gibt hunderte von Universitäten und ihre Qualität ist sehr unterschiedlich. So erreichen nur etwa 10–20% der Absolventen das Qualitätsniveau, das die großen Konzerne erwarten. Entweder reichen ihre Englischkenntnisse oder das in der universitären Ausbildung vermittelte Fachwissen nicht aus. Am renommiertesten sind die sieben Indian Institutes of Technology (IIT) und die sechs Indian Institutes of Management (IIM).

Die große Nachfrage nach indischen Fachleuten führt auch in Indien zu einem Engpass. Dies zeigt sich in der Fluktuationsrate von 15%–30% und der jährlichen Wachstumsrate von 12–15% bei den Löhnen.

In Indien hat der Auftraggeber besonders großen Einfluss auf den Status seiner Mitarbeiter. So sind beispielsweise sogar die Chancen am Heiratsmarkt direkt vom Ruf des Arbeitgebers abhängig. Deshalb zieht es besonders qualifizierte Personen zu den renommierten Unternehmen, die jedoch meist mehrere Tausend Mitarbeiter beschäftigen. Aufgrund der hohen Wachstumsraten werden qualifizierte Mitarbeiter zudem sehr rasch in Führungspositionen befördert, so dass die eigentliche Mitarbeiterbasis oft aus jungen Studienabgängern besteht, die wenig Erfahrung mitbringen.

Die Mitarbeiter indischer Offshore-Unternehmen sprechen fast immer Englisch. Es gibt nur sehr vereinzelt Personen, die Deutsch sprechen. In der Praxis stellt sich der starke indische Akzent als echte Schwierigkeit heraus.

Im Gegensatz zum schriftlichen ist das gesprochene Englisch von Indern für Ungeübte oft kaum verständlich, besonders wenn über das Telefon kommuniziert wird. Dies hat wenig mit dem Bildungsgrad zu tun. So lernte ich beispielsweise den Geschäftsführer eines Unternehmens mit mehr als 150 Mitarbeitern kennen und konnte ihn kaum verstehen. Einer der Entwickler hingegen hatte fast keinen Akzent. Es ist wichtig, mit potentiellen Mitarbeitern ein telefonisches Gespräch zu führen, um zu überprüfen, wie die Verständigung klappt.

Die Zeitverschiebung von Indien zu Europa (Indien ist 3–4 Stunden voraus) stellte sich in der Praxis kaum als Problem heraus. Indische Software-Mitarbeiter sind es zudem gewohnt, sich dem Rhythmus ihrer Auftraggeber anzupassen. Oft war es sogar ein Vorteil, dass ihr Arbeitstag früher beginnt. Auf jeden Fall bleibt genügend sich überschneidende Zeit, um sich zu verständigen.

Der größte Nachteil von Indien als Offshore-Land ist die Reisedauer und die Tatsache, dass viele Mitarbeiter es vermeiden wollen, nach Indien zu fliegen. Es sind zwar direkte Flüge verfügbar, trotzdem lohnt sich eine Reise nur für längere Aufenthalte. So ist man im Konfliktfall auf eine Problemlösung am Telefon angewiesen. Für Mitarbeiter aus Indien ist eine Vorlaufzeit für die Ausstellung eines Visums von bis zu 6 Wochen notwendig.

8.2.2 Osteuropa[2]

Bei der Zusammenarbeit mit Unternehmen aus Osteuropa (Nearshoring) liegen die Vorteile in den geringeren Kommunikationskosten.

Die geringere räumliche Distanz ermöglicht einen häufigen persönlichen Kontakt. In einem Projekt dauerte die Reise zu einem Nearshore-Unternehmen in Ungarn insgesamt nur 3 Stunden. Im Gegensatz zu Indien finden sich in osteuropäischen Ländern durchaus Deutsch sprechende Mitarbeiter. Der Anteil der Schüler, die Deutsch lernen, liegt mit Ausnahme von Rumänien in den meisten osteuropäischen Ländern bei 40%. In Rumänien liegt der Anteil Deutschlernender wesentlich niedriger. Dafür lernen in Rumänien 85% aller Schüler Französisch. Zudem lernen 70% aller Schüler in Osteuropa Englisch.

Auch die kulturellen Unterschiede sind geringer, wenn auch nicht zu vernachlässigen.

Die Lohnunterschiede in Osteuropa sind beträchtlich. So verdient ein bulgarischer Ingenieur USD 1,40 und ein Ingenieur aus Tschechien USD

---

[2] Siehe dazu auch: Meyer, Thomas (2006). Offshoring an neuen Ufern: Nearshoring nach Mittel- und Osteuropa. Economics Nr. 58. Deutsche Bank Research.

5,20. Im Vergleich dazu wird der Durchschnittslohn eines indischen Ingenieurs mit USD 2,40 angegeben.

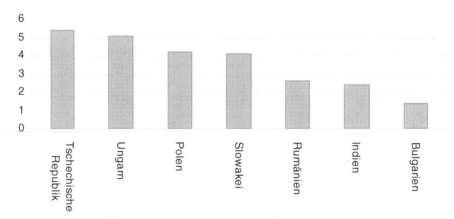

Abb. 11 Durchschnittlicher Stundenlohn eines Ingenieurs. Quelle: Business Week 2006.

Obwohl das Bildungssystem in vielen osteuropäischen Ländern durchaus konkurrenzfähig ist, sagt die formelle Bildung wenig über die tatsächliche Qualifikation aus. In einer interessanten Studie von MGI wurde untersucht, wie hoch der Anteil an ausgebildeten Mitarbeitern liegt, die sich für die Beschäftigung in internationalen Unternehmen eignen. Laut der Studie eignen sich nur 10% der studierten Ingenieure, Mathematiker, Statistiker und Physiker in China oder Russland für – ihrer Ausbildung entsprechende – Jobs bei Insourcern. In der Tschechischen Republik, Ungarn oder Polen liegt der Anteil bei knapp 50%, während sich in den Industrieländern rund 80% der Absolventen auch für den Einsatz bei internationalen Dienstleistern eignen.

8.3 Prozess der Lieferantenevaluation

Die Evaluation eines Lieferanten erfolgt in einem mehrstufigen Prozess. Typischerweise ist dieser wie folgt gestaltet:

Tabelle 10 Prozess der Lieferantenevaluation.

Schritt	Bemerkung
Request for Information versenden	Eine ganze Reihe von Lieferanten wird um zusätzliche Informationen angefragt. In der Regel wird ein Fragebogen verschickt, der eine erste Antwort auf einige der Evaluationskriterien liefern soll.
Auswahl von potentiellen Lieferanten	Hier kann eine Nutzwertanalyse oder ein Ausschlussverfahren nach der Erfüllung von Muss-Kriterien zur Anwendung kommen.
Non disclosure Agreement verschicken	Es wird eine Geheimhalteverpflichtung verschickt, die verhindern soll, dass der Lieferant vertrauliche Informationen, die er mit dem Request for Proposal erhält, weitergibt.
Request for Proposal	Verschicken des Pflichtenheftes inkl. Vertragsvorschlag.
Evaluation der Offerten	Anhand einer Nutzwertanalyse wird eine enge Auswahl getroffen.
Assessment und Due Diligence	Der favorisierte Lieferant wird unter Umständen einer vertieften Überprüfung unterzogen. Gegebenenfalls werden die vorgeschlagenen Projektmitarbeiter in einem Assessment überprüft.
Vertragsverhandlungen	Offene Fragen zum Vertrag werden geklärt.
Vertragsunterzeichnung	

8.4 Herausforderungen im Offshoring

Neben den zusätzlichen Evaluationskriterien bestehen für den Auswahlprozess weitere Besonderheiten. Werden Projekte lokal umgesetzt, bieten sich eine beschränkte Anzahl bekannter Lieferanten an. Auch kleinere Lieferanten sind lokal bekannt und verfügen daher in Bezug auf die Auftraggeber über eine Reputation. Zudem handelt es sich bei der Zusammenarbeit meist um eine projektbezogene Zusammenarbeit, nicht um eine langfristige Verlagerung von Entwicklungskapazitäten, also eine strategische Partnerschaft.

Bei der Evaluation von Offshore-Lieferanten besteht eine unüberblickbare Vielzahl an Optionen. Zudem sind die kleineren Lieferanten meist völlig unbekannt. Dazu kommt, dass bei der Evaluation ein strategischer Partner gesucht wird, so dass der Erfolg der Evaluation von großer Bedeutung ist. Die Evaluation vor Ort ist kostenaufwendig.

Welche Maßnahmen erfordern die zusätzlichen Herausforderungen?

8.5 Best Practices für die Lieferantenevaluation

8.5.1 Pläne transparent machen

Bei der Aussicht auf eine längerfristige Zusammenarbeit sind beide Seiten daran interessiert, in eine potentielle Partnerschaft zu investieren – besonders dann, wenn der Auftraggeber und der Lieferant in einer ähnlichen Kategorie operieren.

Beide Seiten wollen ihre Ressourcen optimal planen und einsetzen. Dazu ist es sinnvoll, die gegenseitigen Zukunftspläne transparent zu machen. Idealerweise werden Bedingungen definiert, unter denen eine Partnerschaft ausgebaut wird, und Annahmen zur Marktentwicklung werden transparent gemacht. Damit können beide Unternehmen das Potential aus der Partnerschaft einschätzen und entsprechend die Ressourcen einsetzen.

Bei Travelware war ein Lieferant beispielsweise bereit, ein Testprojekt durchzuführen, und in dem Fall, dass Travelware nicht mit dem Ergebnis zufrieden war, musste Travelware nur die Reisekosten, aber keine Lohnkosten bezahlen.

8.5.2 Lieferant mit konkreter Erfahrung

Wie die bisherige Darstellung zeigt, ist die Auswahl an verfügbaren Offshore-Mitarbeitern unüberblickbar. Dieser Umstand beinhaltet die Chance, dass ein Team gefunden werden kann, welches nachweisbar erfolgreich ein Projekt in ähnlicher Komplexität und mit ähnlichen qualitativen Anforderungen in der Zieltechnologie implementiert hat. Dabei nützt es nichts, wenn zwar die Unternehmung Referenzprojekte nachweisen kann, jedoch ein ganz anderes Team vorgesehen wird. Es ist unabdingbar, den Erfolg des Referenzprojektes zu verifizieren und dazu mit dem ursprünglichen Auftraggeber zu sprechen. Insbesondere ist auch zu klären, ob der Auftraggeber über wesentlich mehr Erfahrung bei der Durchführung von Outsourcing- und Offshoring-Projekten verfügte, wie groß seine Mitwirkung war und welche Vertragsgrundsätze sein Vertrag beinhaltete.

Im Bezug auf die Erfahrung des Offshore-Partners in der Zieltechnologie sollte man als Auftraggeber hart bleiben. Es ist hochriskant, ein Offshore-Projekt in Angriff zu nehmen, bei dem das Offshore-Team keine Erfahrung mit den eingesetzten Entwicklungssprachen und Frameworks hat. Es gehört zu den zentralen Vorteilen von Outsourcing, dass man sich einen Lieferanten mit großem technischem Know-how aussuchen kann.

8.5.3 „People matter most"

Zu einer der grundlegenden Erfahrungen, die man als Software-Projektleiter macht, gehören die enormen Produktivitätsunterschiede von Entwicklern und anderen Projektmitarbeitern. Auch in umfangreichen Studien wurde dies immer wieder belegt[3].

Sehr gute Entwickler und Entwicklerteams sind 10 bis 20 Mal produktiver als schlechte Entwickler und Entwicklerteams.

Steve McConnell nennt die Produktivität der Mitarbeiter den drittwichtigsten Einflussfaktor für den benötigten Ressourcenaufwand, nach der Projektgröße und der Projektart. (Macht man Software für Steuerung eines Flugzeuges oder eine Business Software?) Erst danach führt er die Prozesskompetenz oder verwendete Hilfsmittel an. Ein Erfahrungsbeispiel soll dies verdeutlichen:

---

[3] Siehe dazu beispielsweise: Vallett, J and F.E.. McGarry: „A Summary of Software Measure Experiences in the Software Engineering Laboratory". Journal of Systems and Software, 9(2).

In einem Projekt, welches wir in einem gemischten Team mit lokalen und Offshore-Entwicklern umsetzten, musste eine Kundenverwaltung implementiert werden. Wir übertrugen die Aufgabe einem der offshore arbeitenden Teammitglieder. Dieser Entwickler zeigte sich sehr zuversichtlich, der Aufgabe gewachsen zu sein. Nach 3 Wochen begann er immer mehr Fragen zu stellen, die uns irritierten, und nach 5 Wochen rangen wir uns zu einem Abbruch durch. Unser lokal arbeitender Chefentwickler löschte den gesamten Code und setzte die Kundenverwaltung in 3 Tagen um. Dabei machte er zusätzlich zahlreiche Vorschläge, wie die Benutzerfreundlichkeit erhöht werden könnte.

Wenn diese Produktivitätsunterschiede ernst genommen werden, kommt man zu der Schlussfolgerung, dass es in jedem Fall sehr viel günstiger ist, eine Software mit guten lokalen Entwicklern als mit schlechten Offshore-Entwicklern zu implementieren. Nicht einmal die Lohnunterschiede können die großen Produktivitätsunterschiede ausgleichen.

Interessant ist in diesem Zusammenhang, dass gute Entwickler mit guten Entwicklern zusammenarbeiten wollen und daher die Produktivitätsunterschiede innerhalb von Firmen kleiner sind als zwischen zufällig ausgewählten Entwicklern (Mills 1983, DeMarco and Lister 1999).

Wir sind deshalb der Meinung, dass es entscheidend für den Erfolg eines Offshore-Projektes ist, welche Entwickler im Projekt mitarbeiten. Gehören sie zu den produktiven oder zu den unproduktiven?

Auch Offshore-Mitarbeiter müssen sorgfältig ausgewählt werden. Es ist notwendig, die Projektmitarbeiter einem Auswahlverfahren zu unterziehen. Andererseits braucht man eine kurze Kündigungsfrist, in der man sich von Mitarbeitern, welche der Aufgabe nicht gewachsen sind, trennen kann.

8.5.4 Gestaltung des Assessments

Wird man sich der Bedeutung eines aussagekräftigen Assessments bewusst, so fragt sich natürlich, wie denn ein solches durchgeführt werden kann.

Eine große Aussagekraft über die Leistungsfähigkeit des zukünftigen Entwicklerteam besitzt die Durchführung eines Miniprojektes. Dabei kann die Entwicklung einer kleinen Applikation oder ein Change einer bestehenden Applikation in Auftrag gegeben werden. Im Voraus werden Qualitätskriterien definiert, anhand derer das Arbeitsergebnis beurteilt wird. Dabei können neben der Vollständigkeit und der Qualität des Codes auch zusätzliche Artefakte wie beispielsweise Design-Dokumente beurteilt werden. Es ist denkbar, dass bewusst unvollständige oder unklare Anforderungen in Auftrag gegeben werden, die dann während des Assessment-Projekts geklärt werden müssen. Es wird überprüft, ob der Lieferant nachfragt, ob er sinnvolle Vorschläge unterbreitet, und die Kommunikation mit dem Entwicklerteam kann beurteilt werden.

8.6 Evaluation im Fallbeispiel

8.6.1 Darstellung des Fallbeispiels

Travelware hatte sich von Anfang an auf die Offshore-Region Indien konzentriert. Dies hatte wohl vor allem damit zu tun, dass einer der Mitarbeiter Indien gut kennt. Es wurde beschlossen, über das Internet einige potentielle Offshore-Partner ausfindig zu machen. Aufgrund der Internetauftritte wurden 25 mögliche Unternehmen ausgewählt. Die Größe des Unternehmens, der Standort (Direktflug), die angegebenen Technologie-Kompetenzen, Know-how in der Reisebranche, Referenzen, der generelle Eindruck der Webseite waren Entscheidungsfaktoren. Den 25 Unternehmen wurde ein Fragebogen zugesandt. Einige Beispiele von Fragen, die der Fragebogen enthielt, sind:

Unternehmen

Wer ist Eigentümer des Unternehmens?

Was ist der jährliche Umsatz über die letzten 3 Jahre?

Was ist der beabsichtigte Umsatz für die nächsten 2 Jahre?

Bitte beschreiben Sie die wichtigsten Meilensteine Ihrer Unternehmung.

Projektmanagement und Prozesskompetenzen

Über welche Zertifizierungen verfügt Ihr Unternehmen?

Wie viele Projekte hat Ihr Unternehmen je folgender Größe schon abgewickelt?

< 3 Personenmonate

3–12 Personenmonate

1–5 Personenjahre

> 5 Personenjahre

Welche Software-Entwicklungsprozesse setzen Sie ein?

Referenzen

Bitte geben Sie uns 3 Referenzen mit Kontaktperson im Java/Hybernate/
Spring-Umfeld an.

Dann folgten weitere Fragen zu konkreten technischen Fähigkeiten.

Die Rücklaufquote war enorm. Bis auf 2 Unternehmen haben alle geant-
wortet.

Basierend auf den Antworten wurden dann 6 Unternehmen ausgewählt
und vor Ort oder an einer Messe besucht.

Jeder Unternehmung wurden anschließend Punkte in folgenden Kategorien
vergeben:

- Vertrauenswürdigkeit des Unternehmens
- Projektmanagement und Prozessfähigkeiten
- Technische Kompetenzen
- Kommunikationsfähigkeiten
- Branchenwissen
- Infrastruktur und Arbeitsumgebung
- Referenzen
- Kosten

Anschließend wurden zwei Unternehmen ausgewählt. Diese Unternehmen
wurden dann einem detaillierten Assessment unterzogen. Dazu musste ein
zweitägiges Projekt umgesetzt werden.

8.6.2 Beurteilung des Fallbeispiels

Bezüglich der hier dargestellten Erfolgsfaktoren wurde der Beurteilung der
konkreten Projektmitarbeiter keine Bedeutung beigemessen. Zudem leg-
te Travelware mehr Gewicht auf das Branchen-Know-how anstatt auf die
konkreten Projekterfahrungen in der Zieltechnologie bei ähnlicher Projektkomplexität. Obwohl Travelware sehr viel in die Evaluation investierte, war
sie mit dem Ergebnis nicht zufrieden. Wie sich zeigte, war das Branchen-
Know-how von untergeordneter Bedeutung. Viel wichtiger wäre es gewesen,
die richtigen Mitarbeiter an Bord zu haben. Mitarbeiter, die sich in jedem
Fall in der Zieltechnologie auskennen.

8.7 Zusammenfassung

Neben den traditionellen Evaluationskriterien sind die Sprachkenntnisse, die Reisezeit, die Zeitverschiebung und die Verfügbarkeit von Ressourcen zu berücksichtigen.

Der gegenseitige Austausch einer langfristigen Planung und das transparente Darstellen von Abbruchkriterien schaffen für beide Seiten die Grundvoraussetzungen für notwendige Investitionen in eine erfolgreiche Partnerschaft.

Die konkreten und nachweisbaren Erfahrungen in der Zieltechnologie bei gleicher Projektkomplexität sind eine Möglichkeit die Eignung des Unternehmens zu überprüfen. Zudem muss viel Wert auf die Auswahl der konkreten Projektmitarbeiter gelegt werden.

Eine gute Möglichkeit liefert die Durchführung eines Assessments.

8.8 Literatur

Die Darstellung der Offshore-Märkte basiert stark auf den Studien der Deutschen Bank Research:

Meyer, Thomas (2006). Offshoring an neuen Ufern: Nearshoring nach Mittel- und Osteuropa. Economics Nr. 58. Deutsche Bank Research.

Schaaf, Jürgen (2005). Outsourcing nach Indien: der Tiger auf dem Sprung. Aktuelle Themen Nr. 335. Deutsche Bank Research.

Schaaf, Jürgen und Mathias Weber (2005). Offshoring-Report 2005: Ready for Take-off. Economics Nr. 52. Deutsche Bank Research.

Die Darstellung der vier indischen Clusters findet sich in:

Nagesh Kumar, National Innovation Systems and the Indian Software, Industry Development. A Background Paper for World Industrial Development Report 2001.

Die Zahlen der Verfügbarkeit von qualifizierten Ressourcen wurden folgendem bekannten Paper entnommen:

Farrell, Diana et al. (2005). The Emerging Global Labor Market: Part II – The Supply of Offshore Talent in Services. McKinsey Global Institute.

Es gibt sehr viele Darstellungen zur Effizienz von Entwicklern. Zwei aktuellere Beispiele:

Böhm, Barry et al. Software Cost Estimation with Cocomo II, Addison-Wesley, 2000

Vallett, J and F.E. McGarry: A Summary of Software Measure Experiences in the Software Engineering Laboratory. Journal of Systems and Software, 9(2).

8.9 Checkliste

Wurden bei der Auswahl der Liste potentieller Lieferanten   Wichtig
nicht-offshore-spezifische Aspekte berücksichtigt?
- Finanzielle Stabilität
- Prozess- und Methodenkompetenz
- Teamqualifikation
- Technische Kompetenz
- Management-Kompetenz
- Know-how in der Branche
- Stundensätze (Offerte)
- Größe
- Verfügbarkeit
- Akzeptanz der Vertragskriterien
- Referenzen und Reputation

Wurden bei der Auswahl der Liste potentieller Lieferanten   Wichtig
offshore-spezifische Aspekte berücksichtigt?
- Erreichbarkeit
- Zeitverschiebung
- Sprachkenntnisse

Wurden Referenzen äußerst sorgfältig überprüft?   Wichtig

Hat der Lieferant erfolgreich ähnliche Projekte umge-   Wichtig
setzt? Ähnlich hinsichtlich:
- Technologie
- Größe
- Nicht-funktionalen Anforderungen

Sind die Projektmitarbeiter bekannt? Wurde mit den Projektmitarbeitern ein Assessment durchgeführt?	Wichtig
Wurden die Annahmen, die langfristige Planung und die Abbruchkriterien transparent gemacht?	Wichtig

9

Zusammenarbeit in verteilten Teams

9.1 Inhalt des Kapitels

Was macht eine erfolgreiche Zusammenarbeit aus? Wie entsteht Vertrauen? Welche Mittel stehen in Offshore-Projekten zur Verfügung, um eine effiziente Zusammenarbeit aufzubauen? Wie werden moderne Kommunikationsmittel richtig eingesetzt? Mit diesen Aspekten beschäftigt sich dieses Kapitel.

Bei der Lieferantenevaluation wurde als Motto „People matter most" gewählt. Dieser kurze Satz fasst alles Wichtige so knapp und treffend zusammen, wie man es im Deutschen nicht formulieren könnte. Damit beschäftigt sich nochmals der erste Abschnitt.

9.2 Menschenbild

Offshore-Mitarbeiter sind nicht einfach Ressourcen. Es sind Mitarbeiter, die unter Umständen für mehrere Jahre Teil des Entwicklungsteams sind. Sie identifizieren sich mit dem Projekt und mit dem Auftraggeber. Unter Umständen sind sie nach einer gewissen Zeit sogar enger mit dem Team des Auftraggebers verbunden als mit der Firma, bei der sie angestellt sind.

Es wird oft kritisiert, dass Offshore-Mitarbeiter schon nach einer kurzen Dauer die Firma verlassen. Es ist sicher richtig, dass die Fluktuationsrate tendenziell in Wachstumsmärkten höher ist. Doch ist es auch so, dass die Fluktuationsrate zwischen den Unternehmen sehr unterschiedlich sein kann.

Mitarbeiter, die über Jahre hinweg für einen Auftraggeber arbeiten sollen, benötigen eine Perspektive und wollen gefördert werden. Ist keine solche Entwicklungsmöglichkeit absehbar, werden sie den Arbeitgeber oder das Projekt wechseln.

Eine solche Sichtweise gehört wohl zu den wichtigsten Erfolgsfaktoren. Ich konnte auch bei fortschrittlichen Managern beobachten, dass sie dies nicht wirklich verstanden haben. Sie sind der Meinung, dass das Offshore-Unternehmen für die Mitarbeiterentwicklung zuständig ist, auch wenn die Mitarbeiter über Jahre 100% für einen bestimmten Auftraggeber arbeiten.

Auch die Mitarbeiter, die mit dem Offshore-Partner zusammenarbeiten, müssen verstehen, dass sie es mit Kollegen zu tun haben, die sich in menschlicher Sicht in nichts von ihren anderen Freunden und Mitarbeitern unterscheiden. Auch sie wollen verstanden und bestätigt werden. Auch sie wollen sich verwirklichen und Anerkennung finden.

Hier werden organisatorische Hinweise gegeben, wie optimale Voraussetzungen für eine Zusammenarbeit geschaffen werden. Dies soll aber nicht darüber hinwegtäuschen, dass die Basis einer erfolgreichen Zusammenarbeit auf Empathie, gegenseitigem Respekt und Wohlwollen, auf sorgfältiger Kommunikation und dem Wunsch nach einer für beide Seiten gewinnbringenden Partnerschaft liegt.

9.3 Projektorganisation

9.3.1 Projektorganisation in Outsourcing-Projekten

Die Projektorganisation definiert die Koordinationsregeln eines Projektteams. Es werden:

- die Projektrollen – also Mitarbeiter, Aufgaben und Verantwortlichkeiten,
- die Hierarchie – also Weisungsrechte und Eskalationswege,
- die Kommunikation – also Berichterstattung und Weisungswege sowie
- die Vorgehensweise definiert.

Die Projektorganisation ist stark vom Projektumfang und der Projektkomplexität abhängig. Die Rollen, Kommunikationswege und die Vorgehensweise wird vom eingesetzten Projektvorgehensmodell geprägt. Um die wesentlichen Unterschiede zwischen einer traditionellen Projektorganisation und einer Offshore-Projektorganisation aufzuzeigen, wählen wir eine möglichst allgemein gültige und minimale Projektorganisation. Die hier dargestellte Rollenaufteilung bzw. Arbeitsteilung sollte eigentlich in keinem Projekt unterschritten werden.

In einem generellen Outsourcing-Projekt und in Anlehnung an RUP findet man typischerweise die folgende Projektorganisation.

Dabei finden sich meist mindestens folgende Rollen:

- Steering Board,

- Change Manager,

- Project Manager,

- Analysten,

- Softwarearchitekt und Reviewer der Architektur,

- Testmanager.

Auf der Seite des Auftraggebers überwacht das Steering Board (Projektausschuss) den Projektleiter und ist Anlaufstelle bei Projektänderungen, welche Einfluss auf den Business Case haben. Vielfach übernimmt es auch die Funktion des Change Managers. Das Change Board unter der Führung des Change Managers entscheidet über Änderungen des Leistungsumfangs. Der Projektmanager des Auftraggebers hat eine intensive Koordinationsfunktion. Ihm zur Seite stehen Softwarearchitekt, Testmanager und diverse Analysten. Die Analyse ist für die Anforderungen zuständig, aufgrund derer in Zusammenarbeit mit dem Softwarearchitekten eine Spezifikation erarbeitet wurde.

Parallel gibt es eine sehr ähnliche Struktur auf der Lieferantenseite, wobei das Team aus einer großen Zahl von Mitarbeitern bestehen und eine weitere Hierarchieebene beinhalten kann. Zusätzlich wird meist ein Kundenbetreuer eingesetzt, der zum Auftraggeber eine projektübergreifende Beziehung pflegt und auch für den Projektleiter eine wichtige Funktion als weitere Anlaufstelle spielen kann.

9.3.2 Herausforderungen in Offshore-Projekten

9.3.2.1 Kommunikation

In Offshore-Projekten findet eine Zusammenarbeit zwischen dem Lieferanten und dem Auftraggeber auf jeder Hierarchieebene statt.

Dabei kann es zu einem intensiven Austausch zwischen dem für die Spezifikation zuständigen Team des Auftraggebers und dem Entwicklerteam des Lieferanten kommen. Bestehen Unklarheiten in der Spezifikation oder generelle Verständnisfragen, werden diese direkt innerhalb des Teams geklärt. Es können auch Workshops mit mehreren Teammitgliedern beider Seiten stattfinden.

Meine Erfahrung zeigt, dass sich eine direkte Zusammenarbeit des Entwicklungsteams mit dem Team aus Fachexperten in Offshore-Projekten schwierig gestaltet. Telefonkonferenzen oder auch Videokonferenzen in Kombination mit unterschiedlichen Sprachkenntnissen beinhalten ein großes Potential von Missverständnissen.

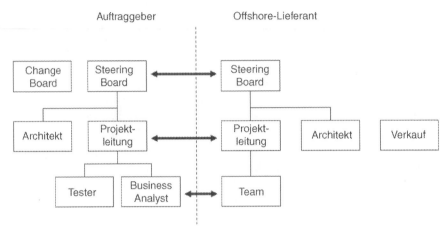

Abb. 12 Die Kommunikation zwischen dem Auftraggeber und dem Auftragnehmer findet auf mehreren Hierarchiestufen statt.

Die sprachlichen Unterschiede, welche ich in der Zusammenarbeit mit Offshore-Partnern erlebte, waren groß. So war es mir auch nach zwei Tagen Besuch nicht möglich den Akzent des CEO einer indischen Softwarefirma mit 150 Mitarbeitern zu entschlüsseln.

Auch nach einer monatelangen Zusammenarbeit war ich mir bei einem der Teammitglieder nie sicher, ob ich ihn wirklich verstand, und was noch wesentlich schwieriger war, ich war mir ebenfalls nie sicher, ob er mich verstand. Sein Kollege, in Oxford studiert, sprach hingegen ein sehr gutes, beinahe akzentfreies Englisch.

Wenn keine oder nur eine beschränkte direkte Kommunikation mit dem eigentlichen Entwicklerteam stattfindet, kann die Teammotivation leiden. Das Ziel jedes Auftraggebers ist es aber, die Teammitglieder von der Wichtigkeit der Aufgabe zu überzeugen und sie für die zu erstellende Lösung zu begeistern.

9.3.2.2 Reporting

Ein wichtiges Mittel, um frühzeitig Probleme und Risiken zu erkennen, liefern aussagekräftige Statusberichte. So berichten die Teammitglieder ihrem Projektleiter und der Projektleiter dem Steering Board über den Projektverlauf. Entwickler neigen dazu, die restliche Arbeitsmenge geringer einzuschätzen, als sie ist. Es ist aber durchaus üblich, dass sie relativ offen über ihnen bekannte Probleme reden, obwohl es in diesem Punkt auch zwischen westlichen Unternehmen große Unterschiede geben dürfte.

Wir haben die Erfahrung gemacht, dass man sich unter Umständen nicht auf Statusberichte von Offshore-Lieferanten verlassen kann. Bei unseren Projekten waren sie durchweg positiver, als wir dies von unseren eigenen Mitarbeitern gewohnt waren. Zudem wurden wir meist zu spät auf Probleme aufmerksam. Wir beobachteten zudem eine geringere Neigung zur Eskalation.

Ohne Gegenmaßnahme besteht damit das Risiko, dass Qualitäts- und Lieferprobleme erst bei den Teillieferungen sichtbar werden.

9.3.3 Lösungsansätze für eine Offshore-Projektorganisation

9.3.3.1 Single Point of Contact

Welche Maßnahmen können in Bezug auf die oben beschriebenen zusätzlichen Schwierigkeiten getroffen werden?

Aufgrund der erschwerten Kommunikation zwischen den Teams ist es effizient, sowohl auf der Auftraggeber- wie auch auf Lieferantenseite eine Anlaufstelle zu definieren. Die jeweilige Anlaufstelle koordiniert dann intern alle Fragen.

Da diese Kontaktperson einen großen Einfluss hat, wird es sich in den meisten Fällen anbieten, diese Aufgabe an die Projektleitung zu delegieren. Dies setzt voraus, dass die eigene Projektleitung entweder selbst sehr gute Fachkenntnisse oder unmittelbaren Zugriff auf entscheidende Teammitglieder hat.

Dies kann zu einer großen Arbeitsbelastung des Projektleiters führen. Bei umfangreicheren Projekten muss darum dem Projektleiter eine Projektassistenz zur Seite gestellt werden.

9.3.3.2 Verbesserter Status des Softwarearchitekten

Aufgrund der geringeren Eskalationsneigung und der positiven Statusreports ist es notwendig, selbst Informationen über den Status zu beschaffen.

Diese Aufgabe muss von einem qualifizierten Softwarearchitekten wahrgenommen werden. Aufgrund der unabhängigen und sehr wichtigen Rolle des Softwarearchitekten empfiehlt es sich, den Softwarearchitekten direkt dem Steering Board zu unterstellen. Somit kann auch keine „Allianz der guten Hoffnung" zwischen den Projektleitern entstehen.

9.3.3.3 Intensivierte Eskalation

Der geringeren Eskalationsneigung des Offshore-Lieferanten kann durch eine intensivierte Kommunikation über das Steering Board begegnet werden. Wenn das Steering Board nicht durch interne Stellen auf Probleme aufmerksam gemacht wird, so soll das das Steering Board des Auftraggebers tun, wo immer das möglich ist. Deshalb sollen Projektleiter aufgefordert werden, ohne Zögern zu eskalieren.

Dies setzt ein überdurchschnittlich aktives Steering Board voraus, welches mit der Projektleitung und dem Offshore-Steering Board eine aktive Kommunikation pflegt.

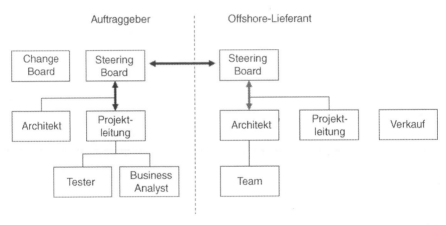

Abb. 13 Eine intensive Kommunikation auf Steering-Board-Ebene ist notwendig.

9.4 Kommunikationsmittel in verteilten Teams

Eine durch Vertrauen geprägte partnerschaftliche Beziehung kann nur auf Basis einer funktionierenden Kommunikation entstehen. Für die Kommunikation in verteilten Teams steht eine breite Auswahl an möglichen Technologien zur Verfügung, welche die Kommunikation grundlegend vereinfachen. Es ist entscheidend, diese zu kennen und mit Bedacht einzusetzen.

Trotz aller neuen Kommunikationsmittel nimmt die Bedeutung von persönlichen Begegnungen einen herausragenden Platz ein.

9.4.1 Gegenseitige Besuche

Eine persönliche Begegnung schafft eine Beziehungsgrundlage, die für jede weitere Kommunikation im Projekt entscheidend sein kann. Sie schafft ein gegenseitiges Verständnis. Martin Fowler empfiehlt sogar ein Konzept von „Botschaftern" (Ambassador). Dabei sind während der gesamten Projektdauer je mindestens ein Mitarbeiter des Auftraggebers beim Offshoring-Partner und umgekehrt vor Ort. In jedem Fall wird es jedoch sinnvoll sein, dass zu Beginn des Projektes entweder der Projektleiter und, falls verfügbar, eine Fachperson (ggf. Business Analyst) das Projektteam des Offshore-Partners besuchen oder umgekehrt. Somit können neben dem Aufbau einer gegenseitigen Vertrauensbeziehung auch offene Fragen geklärt werden. Ist der Projektleiter und eine Fachperson beim Offshore-Partner, stehen sie dem gesamten Offshore-Team für Fragen zur Verfügung. Auch vertrauensbildende Maßnahmen und gemeinsame Aktivitäten außerhalb des geschäftlichen Rahmens sollen dabei eingeplant werden. Besuche des Offshore-Teams beim Auftraggeber haben oft besonders große Wirkung auf die Teammotivation. Auch ein gegenseitiger Besuch der Steering-Board-Mitglieder ist sehr hilfreich. Er erhöht die Chance, Eskalationen während der Projektlaufzeit effektiv zu meistern und auch in Krisensituationen eine angemessene Kommunikationskultur zu bewahren.

9.4.2 Telefonkonferenzen

Das Telefon ist ein oft benutztes Kommunikationsmittel. Es wird auch häufig eingesetzt um Meetings mit mehreren Teilnehmern in einem verteilten Team durchzuführen. Gerade deshalb ist es erstaunlich, wie wenig effizient damit umgegangen wird.

Bei Telefonkonferenzen schalten sich die Teilnehmer in ein gemeinsames Telefongespräch ein, bei dem sich alle gleichzeitig hören. Telefonkonferenzen mit Teilnehmern mit unterschiedlichen Sprachkenntnissen und unterschiedlichen Rollen sind eine Herausforderung. Es gibt einfache Maßnahmen, welche die Chancen, effiziente Meetings auch telefonisch abhalten zu können, entscheidend erhöhen.

Zuerst ist es wichtig zu verstehen, dass es sich bei einer Telefonkonferenz ebenfalls um eine Sitzung handelt, dass sie also auch wie eine Sitzung geführt und strukturiert werden muss. Eine vorgängig verschickte Agenda schafft Transparenz, hilft den Teilnehmern sich vorzubereiten und sorgt für einen klaren Sitzungsablauf.

Die Sitzung muss von einem Sitzungsleiter geführt werden. Eine Sitzungsleitung bei Telefonkonferenzen ist sogar noch wichtiger als bei normalen Sitzungen. Sie übernimmt eine sehr aktive und führende Kommunikationsrolle.

Im Gegensatz zu gewöhnlichen Meetings sehen sich die Teilnehmer bei einer Telefonkonferenz nicht. Es ist daher nicht ohne zusätzliche Klärung ersichtlich, wer anwesend ist. Auch bleibt es verborgen, ob jemand mit seiner Körpersprache zu verstehen gibt, dass er etwas nicht versteht oder dass er nicht einverstanden ist. Die Sitzungsteilnehmer können nicht durch Gestik oder Augenkontakt zu verstehen geben, dass sie anschließend etwas sagen wollen.

Es liegt am Sitzungsleiter, diesen Schwierigkeiten zu begegnen. Er stellt sicher, dass allen klar ist, wer anwesend ist. Er spricht konkret Anwesende an und fragt, ob sie mit einem Argument einverstanden sind oder ob sie dazu etwas bemerken wollen. An einem einfachen Beispiel wird das deutlich. Beobachten wir eine erfundene Telefonkonferenz:

Tim:
Guten Tag. Es freut mich, dass alle an der Telefonkonferenz teilnehmen können. Ich werde diese Sitzung koordinieren. Danke, dass ihr Euch Zeit nehmen konntet. Anwesend sind Brian von der Entwicklung, Sarah vom Marketing und natürlich Martin, unser Abteilungsleiter. Versteht mich jemand nicht gut?

Pause. Niemand meldet sich.

Tim:
Hat jemand die Agenda nicht bekommen, hat sie jemand nicht vor sich liegen?

Pause. Niemand meldet sich.

Tim:
Gut. Dann gehen wir gleich zum ersten Punkt. Brian, darf ich Dich bitten, Dein Anliegen vorzubringen.

Brian:
Ok, danke, Tim. Ich weiß, Sarah, dass Du unbedingt den neuen Release am Montag einspielen willst. Ich habe aber Bedenken. Ich konnte den Release noch nicht genügend testen und ich befürchte, es könnten noch Fehler enthalten sein.

Wenn jemand einen Vorschlag macht, spricht er Mitarbeiter an und fragt sie nach deren Meinung:

Martin:
Ich schlage vor, dass wir zusätzlich über das Wochenende testen.

Sarah:
Ja, eine gute Idee.

Tim:
Brian, wie siehst Du das?

Er fasst Entscheidungen zusammen:

Tim:
Ok, wir haben uns entschieden, dass Sarah bei Monika anfragt, ob sie über das Wochende testen kann. Wenn sie nicht kann, ruft sie Martin an. Hat jemand noch Bedenken?

Niemand meldet sich.

Tim:
Ok, das wäre Agendapunkt 1 gewesen. Gehen wir zum 2. Punkt. Sarah, kannst Du bitte Dein Anliegen formulieren?

Bei Telefonkonferenzen ist es bei Teilnehmern üblich, parallel zum Gespräch weiterzuarbeiten und nicht konzentriert zuzuhören. In manchen Fällen kann dies sogar sinnvoll sein, meist wohl aber eher nicht. Daher ist es wichtig, dies gleich am Anfang zu klären.

Tim:
Wir haben ein wichtiges Gespräch. Ich gehe davon aus, dass sich alle auf das Gespräch konzentrieren und nichts anderes arbeiten. Ist jemand damit nicht einverstanden?

Ein sehr gutes Hilfsmittel kann auch ein parallel zur Telefonkonferenz geführtes Gruppenchat sein. Damit ergeben sich völlig neue Möglichkeiten. So kann der Gesprächsleiter direkt eine Art Protokoll führen, in dem er Entscheidungen festhält oder klarstellt, wo man sich auf der Agenda befindet. Will jemand etwas anmerken, kann er das schreiben, ohne dass er denjenigen, der gerade spricht, unterbrechen muss. Auch bilaterale Chats sind hilfreich. So kann ein Gruppenteilnehmer bei einem anderen nachfragen, ohne die Diskussion zu unterbrechen.

Besonders nützlich ist es, wenn diejenigen Teilnehmer, die Anweisungen erhalten haben, aufgefordert werden, nochmals zusammenzufassen, was sie nun tun müssen und was beschlossen wurde. So kann nochmals verifiziert werden, ob sich alle richtig verstanden haben. Dies hilft, Missverständnissen bei unterschiedlichen Sprachkenntnissen vorzubeugen:

Tim:
Sarah. Kannst Du kurz zusammenfassen, was Dein Verständnis Deiner Aufgabe nun ist?

Sarah:
Ich habe verstanden, dass ich Monika frage, ob sie über das Wochenende testen kann.

9.4.3 Chat-Konferenzen

Dank Chat Tools ist es möglich, auch in verteilten Teams spontane Meetings zu organisieren. Es ist jederzeit ersichtlich, wer gerade verfügbar ist. Dies gilt sowohl für Telefonkonferenzen wie auch nur per Chat geführte Gespräche. Dies alleine spricht schon dafür, Chats in verteilten Teams unbedingt zu nutzen.

Reine Chat-Konferenzen benötigen in der Regel mehr Zeit als Telefonkonferenzen und es ist schwieriger den „Ton" herauszuhören. Jedoch beinhalten Chat-Konferenzen auch viele Vorteile.

Bei einer Chat-Konferenz ist das Gesprächsprotokoll automatisch vorhanden. Es ist möglich das Protokoll zu archivieren oder per Email weiterzuverschicken. Der Zeitdruck, der besteht, um eine Antwort zu formulieren, ist geringer. Es ist bei Bedarf sogar möglich sich intern kurz abzuspre-chen oder auch ein paar Wörter in einem Fremdwörterbuch nachzusehen. Gleichzeitig ist der schriftliche Ausdruck von Offshore-Partnern meist sehr viel verständlicher.

Auch wenn es sehr einfach ist, eine Chat-Konferenz zu eröffnen, ist es notwendig für ein produktives Gespräch, das Meeting sorgfältig vorzube-reiten. Auch in Chats ist es hilfreich das Gespräch formell zu strukturieren und wie bei einem normalen Meeting eine Agenda zu definieren. Es ist auch in Chats notwendig die gegenseitigen Antworten abzuwarten.

9.4.4 Diskussionsforen

Eine interessante Alternative zu Emails stellt die Nutzung von Diskussions-foren dar. Dabei haben alle Projektmitglieder Zugriff auf die geschriebe-nen Beiträge. Es werden Diskussionsverläufe sichtbar, zu denen alle Pro-jektmitarbeiter beitragen können. Die bisherige Erfahrung mit Diskussi-onsforen als Kommunikationsplattform ist sehr positiv. Diskussionsforen können einfach eingerichtet werden. Es gibt Anbieter, welche kostenlos die Eröffnung von Diskussionsforen ermöglichen. Die Diskussionsbeiträge können effektiv durchsucht werden. Die Nutzung von Diskussionsforen schafft Transparenz und sorgt für eine bessere Verteilung des Know-hows. Diese Vorteile überwiegen in der Regel die zusätzliche Zeit, die aufgewendet wird, um nichtrelevante Diskussionsbeiträge zu lesen.

9.4.5 Gegenseitige Übernahme des Bildschirms

Es gibt Softwaretools, die es ermöglichen, den Bildschirm eines anderen Computers zu sehen oder sogar darauf zu arbeiten. Mit den heute üblichen Bandbreiten funktioniert dies problemlos auch über weite Distanzen. Die-ses Hilfsmittel eignet sich im Zusammenspiel mit einem Telefongespräch hervorragend für Trainings, das Beantworten von Fragen, Nachvollziehen von Problemen, Code Reviews oder sogar für eine gemeinsame Entwicklung („Pair Programming").

9.4.6 Videos

Präsentationen auf Video aufzunehmen und diese Videos dann zu ver-senden oder auf dem Server bereitzustellen, ist eine weitere innovative

Möglichkeit, Sachverhalte zu erklären. Der Vorteil ist, dass man qualitativ gute Videos aufnehmen kann, ohne dass hohe Bandbreiten verfügbar sein müssen. Das Video kann sorgfältig vorbereitet und bei Bedarf auch nachgebessert werden. Bei der Präsentation können weitere Hilfsmittel wie Skizzen auf Whiteboards verwendet werden. Es hat oft eine besonders motivierende Wirkung, Projektmitarbeiter in Aktion auf dem Video zu erleben.

Der große Nachteil von Videos ist, dass sie im Gegensatz zu einer schriftlichen Spezifikation nur sehr aufwändig nachgebessert werden können. Man kann Videos zudem nicht „schnell durchlesen".

9.4.7 Versionskontrollsystem

Auch Versionskontrollsysteme nehmen in der Kommunikation von verteilten Teams eine wichtige Rolle wahr. Die Projektmitarbeiter erhalten dabei eine Email, sobald ein Mitarbeiter ein neues Dokument oder Code in das Versionskontrollsystem eingespielt hat. Beim Einspielen hat ein Entwickler die Möglichkeit, dazu einen Kommentar abzugeben, der in dieser Mail enthalten ist.

Die Praxis zeigt, dass diese Kommentare eine sehr nützliche Möglichkeit bieten, sich gegenseitig auf dem Laufenden zu halten.

Eine wichtige Regel bei der Verwendung von Kommentaren bei Versionskontrollsystemen ist, dass man Codedateien nicht einzeln, sondern gesammelt einspielt und für den gesamten eingespielten Code einen einzelnen Kommentar schreibt. Auch so werden noch genügend einzelne Kommentare entstehen. Der Kommentar soll sorgfältig verfasst werden. Es muss für einen fremden Entwickler möglich sein, zu wissen, was sich nun am aktuellen Codestand geändert hat.

Überhaupt ist das häufige Einspielen von Code auch aus Kommunikationsgründen wichtig. Gerade Entwickler orientieren sich bei ihrer Arbeit stark an der Codebasis. Wenn der gemeinsam verfügbare Code jedoch zu stark von demjenigen, der bei den einzelnen Entwicklern in Arbeit ist, abweicht, gehen die Entwickler von falschen oder unvollständigen Annahmen aus.

9.4.8 Problem-Management-Systeme

Eine zentrale Rolle zur Vereinfachung der Kommunikation nehmen Problem-Management-Systeme ein. Darin ist es möglich, Aufgaben, Verbesse-

rungsvorschläge und Fehlerrapporte zu erfassen und diese jemandem zuzu-
weisen. Die Aufgaben verfügen über einen Status, der verfolgt werden kann.
Besonders in der Testphase hilft Fehlerrapportierung die Kommunikation
entscheidend zu vereinfachen.

9.5 Zum Schluss: „Getting started "

Bei größeren Projekten und länger andauernder Zusammenarbeit lohnt
sich die Investition in Unterlagen, welche beschreiben, wie sich neue Entwickler einarbeiten können, wie sie ihr Entwicklungssystem aufsetzen
müssen und welche Konventionen in dem Projekt gelten. Dabei werden die
Einarbeitungskosten und auch Wechselkosten und damit die Abhängigkeit
vom Offshore-Partner entscheidend verringert.

Ein Getting-started-Dokument kann auch einfach aufführen, welche anderen Dokumente in welcher Reihenfolge gelesen werden sollen. Es kann auf
bestehende Installationsanleitungen verschiedener Hersteller hinweisen. Es
enthält auch Code-Konventionen, Bestimmungen und Prozessbeschreibun-
gen bezüglich der Zusammenarbeit und verwendeter Tools.

9.6 Zusammenfassung

Eine direkte Zusammenarbeit zwischen den Teams ist wenig effizient. Besser ist es, eine definierte Kommunikation der Projektleiter einzuführen. Dies
stellt hohe Anforderungen an die Projektleitung, auch hinsichtlich der fachlichen Kompetenz. Gegenseitige Besuche vereinfachen die Kommunikation
und tragen auch entscheidend zur Teammotivation bei.

Statusberichte sollen vom eigenen Softwarearchitekten verifiziert werden. Es empfiehlt sich, den Softwarearchitekten nicht der Projektleitung,
sondern dem Steering Board zu unterstellen.

Benötigt wird ein aktives Steering Board, welches intensiven Kontakt
zum Steering Board des Lieferanten pflegt.

9.7 Checkliste

Wurde das Management über die Risiken und Kosten des Offshorings sorgfältig aufgeklärt?	Sehr wichtig
Wurden die Change- und Konfigurationsmanagement-prozesse definiert und mit allen relevanten Parteien, inklusive dem externen Lieferanten, abgesprochen?	Wichtig
Wurden Review-Prozesse und Controlling-Maßnahmen definiert und wird deren Durchführung überwacht? Stellen die Controllingmechanismen eine objektive, von einem Statusreport unabhängige Feststellung des Projektstatus sicher?	Sehr wichtig
Wird sichergestellt, dass die Ergebnisse der Reviews an das Steering Board gelangen?	Wichtig
Ist sich das Steering Board seiner wichtigen Rolle im Offshoring-Projekt bewusst?	Wichtig
Wurden gegenseitige Besuche für einzelne Mitglieder des Projektteams und des Steering Boards geplant? Wurden dabei die Terminverzögerungen durch die Beschaffung der notwendigen Visa berücksichtigt?	Wichtig
Verfügen Sie über einen kompetenten Softwarearchitekten? Er kann auch extern sein.	Sehr wichtig
Wird eine Single-Point-of-Contact-Kommunikation zwischen den Projektleitern etabliert?	Wichtig
Verfügt der Projektleiter über genügend Kapazität? Steht ihm ggf. eine Projektassistenz zur Verfügung?	Wichtig
Verfügt der Projektleiter über genügend fachliches Know-how um laufende Fragen zur Spezifikation beantworten zu können?	Wichtig
Werden Änderungen, die gemäß Lieferant Einfluss auf Kosten und Termine haben, durch ein Change Board bewilligt?	Wichtig

Werden täglich alle Änderungen am Source Code in das Versionskontrollsystem eingespielt?	Wichtig
Wird die Einhaltung von Richtlinien und Architektur durch einen unabhängigen Spezialisten überwacht?	Sehr wichtig
Werden Code-Änderungen mit sinnvollen und verständlichen Änderungsberichten eingecheckt?	Wichtig
Sind die Mitarbeiter in der richtigen Nutzung unterschiedlicher Kommunikationsmittel geschult?	Sehr wichtig

10

Abnahme und Testen

10.1 Abnahme als Spezialfall des Testens

Die Abnahme ist nach der Vertragsverhandlung und nach der Klärung der Spezifikation eine dritte besonders kommunikationsintensive Aufgabe.

Die Abnahme ist eine formelle Prüfung eines Systems auf die Erfüllung der gestellten Anforderungen für die Übergabe des Systems vom Hersteller an den Kunden. Sie unterscheidet sich damit von technischen Tests:

- Die Abnahme liegt in der Verantwortung des Auftraggebers.

- Es geht nicht nur darum, Fehler zu finden, sondern zu zeigen, dass das System in allen getesteten Fällen fehlerfrei arbeitet.

Wenn die Abnahmetestfälle erfüllt sind, dann gilt die Software als grundsätzlich einsatzfähig. Nicht gefundene Fehler werden somit als verborgene Mängel bezeichnet. Sie werden später festgestellt und während einer bestimmten Garantiezeit vom Lieferanten behoben. Meist wird in der über die Abnahme hinausgehenden Testphase bzw. Pilotphase bewusst nach seltenen Konstellationen gesucht, in denen Fehler auftreten können. Die Unterscheidung zwischen Abnahme und Garantieperiode findet sich auch in den vertraglichen Regelungen wieder und bestimmt in der Regel auch die finanziellen Gegenverpflichtungen des Auftraggebers.

10.2 Herausforderung Abnahme und Testen

10.2.1 Fehlerhafte Abnahmekandidaten

Um das gesamte System abzunehmen, müssen für jede Anforderung verschiedene Testfälle durchgespielt werden, welche die Anforderung in Bezug auf unterschiedliche Datenkonstellationen auf ihre Richtigkeit überprüfen. Jeder Fehler führt auch im besten Fall zu einer ganzen Kette von Tätigkeiten:

1. Der Fehler muss vom Auftraggeber nachvollzogen werden können.

2. Der Fehler muss vom Auftraggeber dokumentiert werden.

3. Der Fehler wird behoben.

4. Der Auftraggeber muss erneut überprüfen, ob der Fehler wirklich behoben ist.

So können Abnahmekandidaten, die viele Fehler beinhalten, große Aufwendungen beim Auftraggeber verursachen.

10.2.2 Fehler in der Spezifikation

Während der Abnahme werden meist nicht nur Abweichungen der implementierten Software zur Spezifikation, sondern auch falsche, fehlende oder zu ungenau beschriebene Anforderungen festgestellt. Dies trifft selbst dann zu, wenn der Auftraggeber schon vor der Abnahme erste Einblicke in die Software erhalten hat. Erst bei der Abnahme überprüft er mit der notwendigen Genauigkeit und Intensität die Lieferobjekte.

Somit werden während der Abnahme sowohl Probleme des Lieferanten wie auch des Auftraggebers festgestellt.

Es stellt sich beim Auftreten von Problemen, welche durch ungenaue oder fasche Anforderungen verursacht werden, die Frage, ob diese Fehler während des Abnahmeprozesses behoben werden sollen. Eine Behebung solcher Fehler führt in der Regel zu einer Verwässerung der bestehenden Abnahmekriterien und macht eine korrekte Zuordnung der Verantwortlichkeiten während der weiteren Abnahme noch schwieriger. Bei ungenauen Anforderungen stellt sich zudem die Frage, wer die Kosten für allfällige Korrekturen an der Umsetzung trägt.

10.2.3 Zeitdruck

In Festpreisverträgen sind oft die Abnahmedauer und auch die Garantiezeit geregelt. Werden aber während der Abnahme viele Fehler festgestellt, kommt der Auftraggeber unter Zeitdruck. Wie oben dargestellt, muss jeder Fehler dokumentiert werden. Allenfalls muss auch geklärt werden, wer für den Fehler verantwortlich ist. Damit entsteht ein beachtliches Konfliktpotential.

Nur zu oft sind Lieferanten und Auftraggeber nicht in der Lage, die Konflikte produktiv zu lösen. Diese Konfliktanfälligkeit wird in Offshore-Projekten potenziert. Auftraggeber und Lieferant können sich nicht an einen Tisch setzen und die Konflikte durch konstruktive Gespräche aus dem Weg räumen. Verhandlungen über Telefon können niemals ein Konfliktgespräch ersetzen, in dem sich die Parteien gegenübersitzen.

10.3 Abnahme in Offshore-Projekten

10.3.1 Anforderungen

Gerade die Abnahmephase beinhaltet somit große Risiken. Der Abnahmeprozess kann bei ungenügender Lieferqualität enorm teuer werden. Der Auftraggeber kann unter großen Zeitdruck geraten. Verantwortlichkeiten können verwässert werden und nur zu oft mündet dies in Konflikte, welche nur unter großen Schwierigkeiten gütlich gelöst werden können.

Es wird daher ein Vorgehen benötigt, welches betreffend der Abnahmekriterien weitgehende Klarheit schafft. Es muss sichergestellt werden, dass die Abnahmekandidaten schon bei Lieferung weitgehend fehlerfrei sind. Auch bei falschen Anforderungen muss der Offshore-Partner in der Pflicht bleiben – ob die Abnahme nun erfolgreich war oder nicht. Noch während des Projekts sollen frühzeitig falsche, missverständliche oder fehlende Anforderungen entdeckt werden.

Was kann getan werden, um diese Anforderungen zu erfüllen? Ich schlage ein mehrstufiges Abnahmeprozedere mit unterschiedlichen Zuständigkeiten vor.

10.3.2 Abnahmetestfälle

10.3.2.1 Funktionale Abnahmetestfälle

Lassen Sie uns ein Gedankenexperiment machen und versetzen Sie sich einmal in eines Ihrer früheren Softwareprojekte. Stellen Sie sich dann folgende Frage: Welche Szenarien hätte man bei der Abnahme durchspielen müssen, um sicherzustellen, dass mit der Software 90% des Geschäftes abgewickelt werden kann? Eine schwierige, aber interessante Frage. Für das Projekt Magellan wurde diese Frage auch gestellt.

Im Magellan-Projekt wurden 7 umfassende Szenarien gefunden. Können diese 7 Szenarien abgewickelt werden, so war die Einschätzung des Projektteams, wird es den Usern möglich sein, 90% ihrer Geschäftsfälle mit der Software abzuwickeln. Das Spezielle daran ist die geringe Anzahl von 7 Szenarien, die dazu notwendig ist. Für die häufigsten Geschäftsfälle wird oft nur ein Teil der Gesamtfunktionalität benötigt. Ein Beispiel einer Funktionalität, die explizit nicht im Abnahmetestfall enthalten war: Wenn in der Magellan-Applikation eine Rechnung ausgestellt wird und der Kunde damit sein Kreditlimit erreicht, soll der Kundenbetreuer informiert werden. Dies ist zwar eine Anforderung, aber das Projektteam hat das Erreichen eines Kreditlimits nicht in den Test-Szenarien eingebaut.

In der Regel wird nur ein geringer Teil der Funktionalität benötigt, um 80–90% der Standard-Geschäftsfälle abwickeln zu können. Für diese Teilfunktionalität werden in der Folge detaillierte Testfälle ausgearbeitet, welche der Lieferant mit Hilfe der Dokumentation selbst anwenden und die Testergebnisse selbst auf die Richtigkeit überprüfen kann.

Die 7 Szenarien im Projekt Magellan testen gegen 60% der funktionalen Anforderungen und stellen sicher, dass die Kunden erfolgreich mit der Software ihr normales Tagesgeschäft abwickeln können. Im Projekt Magellan wurde übrigens auf Szenarien zurückgegriffen, die bereits in der Spezifikation verwendet wurden. Diese Szenarien waren also allen Projektmitarbeitern vertraut.

In den funktionalen Abnahmetestfällen sollen alle Benutzereingaben und die erwarteten Ergebnisse sehr genau vorgegeben werden. Nachfolgendes Beispiel eines Testfalls wurde in einem Wiki implementiert. Die unterstrichenen Wörter spiegeln die Links wider, welche im Wiki verfügbar sind.

Testfall 1

Testzusammenfassung

1. Generiere einen Auftrag basierend auf beiliegender Reservierung, welche ein Arrangement nach Sharm El Sheikh für 3 Personen enthält.

2. Füge eine Reservierungsgebühr hinzu.

3. Erfasse den Kunden.

4. Nummeriere und drucke die Rechnung.

5. Importiere eine Reservierungsänderung.

6. Lösche die Versicherungsleistung.

7. Nummeriere und drucke die Rechnung erneut.

Testvorbereitung

Führe folgende beiden Testvorbereitungsschritte aus. Wähle dazu einfach die Links. Die Vorbereitungsmaßnahmen werden dann automatisch ausgeführt.

- Datenbank für den Testfall vorbereiten

- Reservierung importieren

Testdurchführung

Benutzerinteraktion	Erwartetes Ergebnis
Melde Dich mit Testuser und Passwort Testuser auf www.travelwaremagellan.ch an.	Das Login ist erfolgreich. Du landest auf dem Übersichtsbildschirm „Workspace". Auf dem Workspace findet sich eine Reservierung „TC1-Reservation"
Wähle die Reservierung mit der Nummer „TC1-Reservation" und generiere einen Auftrag basierend auf dieser Reservierung.	Der Auftrags-Dialog wird geöffnet. Die gewählte Reservierung ist enthalten und als Default-Wert wird die Standardreservierungsgebühr angezeigt.
Gib „Sharm el Sheikh" als Auftragsbezeichnung ein. Füge einen neuen Kunden mit dem Namen Franz Wittmer zum Auftrag hinzu. Generiere den Auftrag mit diesen Daten.	Der Auftrag wurde generiert und die Auftragsübersicht wird angezeigt. Der generierte Auftrag hat den Titel „Sharm el Sheik". Es wurde eine Rechnung ohne Reiseprogramm generiert. Dem Auftrag wurden drei Teilnehmer zugeordnet: Herr Franz Wittmer und Frau Janine Wittmer und Kind Marc Wittmer. Auf der Auftragsübersicht wird als Auftragssumme, offene Auftragssumme und verrechnete Auftragssumme der Betrag von CHF 4247.50 angezeigt. Der fällige Betrag ist 0. Die CETS-Reservierung „TC1-Reservation" wird mit dem Status „akzeptiert" auf der Auftragsübersicht angezeigt. …
Öffne die Rechnung und nummeriere das Dokument.	Dem Dokument wird eine eindeutige Nummer „234-01" zugeordnet.
Öffne das Dokument als PDF.	Die generierte Rechnung.

Die Rechnung, die in dem Szenario produziert wird, wurde als Textfile genau vorgegeben.

Diese Testfälle beinhalten folgende Eigenschaften:

- Die Eingaben und die gewünschten Ergebnisse sind klar definiert.
- Alle Daten, welche von Schnittstellen vorliegen, sind klar vorgegeben.
- Die Schnittstellen können simuliert werden.
- Die ursprüngliche Ausgangslage kann rasch und einfach wieder hergestellt werden.

Solche Abnahmetestfälle haben eine ganze Reihe von entscheidenden Vorteilen:

- Sie tragen viel zur Klärung der Anforderungen bei. Die Gefahr, dass Anforderungen, welche in den Abnahmefällen überprüft werden, anders interpretiert werden, sinkt entscheidend.
- Konkrete Szenarien müssen sorgfältig durchgedacht werden. Dabei kommen häufig falsche oder fehlende Anforderungen zum Vorschein.
- Die Auswahl und der Detaillierungsgrad eignen sich auch für eine Automatisierung der Abnahmetestfälle.
- Die Abnahmetestfälle können auch für weitere Versionen wiederverwendet werden.
- Zu klären, ob eine Abweichung zu der Spezifikation vorliegt, bedarf praktisch keiner Diskussion.
- Die Abnahmetestfälle können auch für generelle Softwaretests verwendet werden.
- Die glaubwürdige Darstellung der Testverfahren macht schon zu Beginn dem Lieferanten deutlich, welches Qualitätsniveau erwartet wird. Er wird daher mehr in Fehlerprävention investieren.

10.3.2.2 Abnahmetestfälle qualitativer Anforderungen

Qualitative Anforderungen sind am schwierigsten zu formulieren und noch schwieriger zu testen. Gefordert werden messbare Anforderungen. Ein Beispiel:

„Eine Internetseite muss über eine ADSL-Leitung innerhalb von 3 Sekunden angezeigt werden, wenn 200 parallele Anfragen beim Server eintreffen".

Auch wenn diese Formulierung noch einen weiten Interpretationsspielraum offen lässt, stellt sich vor allem eine Frage: Wie soll konkret überprüft werden, ob diese Anforderung erfüllt ist oder nicht? Neben der Anforderung muss daher ein konkretes Verfahren definiert werden, wie die Anforderung überprüft wird. Damit klären sich viele offene Fragen und oft wird deutlich, dass auch zusätzliche Funktionen in der Software gebraucht werden, welche die Messbarkeit von qualitativen Anforderungen effizient sicherstellen. Dazu gehören typischerweise Performance-Messpunkte, Simulationsprogramme auf Unit-Test-Ebene und Interfaces zu externen Testprogrammen.

10.3.2.3 Automatisierung von Abnahmetests

Wenn man den in diesem Kapitel dargestellten Testfall betrachtet, fällt auf, dass aus fachlicher Sicht alle Voraussetzungen vorhanden wären, den Testfall zu automatisieren. Anstatt der wenig formalen natürlichen Sprache wird der Testfall dann anhand eines Testscripts beschrieben. Die Erfahrung hat gezeigt, dass in den meisten Projekten die Entwicklung einer applikationsspezifischen Testbibliothek unumgänglich ist, die dann einfache Funktionen zur Verfügung stellt, mit der Testfälle formuliert werden können. Die Entwicklung einer solchen Bibliothek wird als Skriptsprache auf einem Testtool realisiert. Idealerweise wird die Menge an verfügbaren Testfunktionen vom Auftraggeber spezifiziert.

Sind alle Testfunktionen formuliert, so könnten die Testscripts natürlich gleich in der Syntax der Testsprache formuliert werden. Damit würden kostenintensive manuelle Tests des Auftraggebers wegfallen.

Leider dürften automatisierbare Tests nicht ausreichen. Damit würden nämlich die Testscripts selbst nie getestet.

10.3.3 Abnahmeprozess

10.3.3.1 Erste Abnahmephase

Liegen unmissverständliche Abnahmefälle vor, vereinfacht dies auch den Abnahmeprozess. Mit dem Lieferanten kann vereinbart werden, dass er erst Abnahmebereitschaft anzeigt, wenn er der Meinung ist, dass die Abnahmetestfälle fehlerfrei funktionieren. Die Abnahme kann dann rasch erfolgen.

Im Magellan-Projekt hat sich gezeigt, dass die Testszenarien, wenn keine Fehler mehr vorhanden sind, durch eine Person in einem bis zwei Tagen durchgespielt werden können.

Tauchen trotz allem während der Abnahme Mängel an den Anforderungen auf, oder liegt die Meinung vor, dass bestimmte Anforderungen
nicht richtig interpretiert wurden, empfiehlt es sich nach der letzten Iteration einen zusätzlichen Release zu planen und die Umsetzung dieser neuen
oder anderen Anforderungen separat zu realisieren und abzunehmen. Dieser Release ist dann für den Auftraggeber kostenpflichtig. Eine realistische
Planung wird von vornherein einen solchen zusätzlichen Release einplanen
und eine Kundenlieferung nicht direkt nach Abnahme vorsehen.

Indem die zusätzlichen Anforderungen auf einen nachfolgenden Release verschoben werden, lässt man dem Lieferanten keinen Raum für die
Möglichkeit, Verantwortung abzuwälzen, falls Verzögerungen oder Mängel
eintreten.

10.3.3.2 Zweite Abnahmephase

Nach der ersten Abnahmephase folgt eine zweite. In dieser nimmt der Auftraggeber selbst die vollständige Funktionalität ab. Diese zweite Abnahmephase basiert dann auf einem Release, der die oben beschriebenen Mindest-
anforderungen erfüllt und durchweg sinnvolles Testen erlaubt. Der Auftraggeber arbeitet in dieser zweiten Testphase mit vorbereiteten Checklisten, die
vom Lieferanten selbst nicht verstanden werden müssen.

10.3.4 Fehlerreport

Es gibt zwei Phasen innerhalb eines Projektes, in denen eine lokale Präsenz
von Mitarbeitern des Offshore-Lieferanten überlegt werden muss. Die erste
ist eine Klärung der Spezifikation und die zweite ist die Abnahmephase.
Es gibt keine generell gültigen Kriterien, wann dies notwendig ist. Es wird
in beiden Fällen von der Komplexität und der Kritikalität der Software
abhängig sein. Es ist jedoch sinnvoll und vereinfacht trotz Abnahmefällen
insbesondere auch die Garantiephase.

Sind während der Abnahme- und Testphase keine Mitarbeiter des Lieferanten vor Ort, spielen die Qualität der Fehlerrapportierung und der Einsatz
eines Fehlerrapportierungstools eine entscheidende Rolle.

Um den Überblick über die Fehlerfälle zu behalten und einen geordneten
neten Fehlerbehebungsprozess zu unterstützen, ist der Einsatz eines guten
Fehlerrapportierungstools unvermeidbar.

Im Magellan Projekt wurde JIRA von Atlassian eingesetzt. Dieses web-
basierte System erlaubt die Beschreibung von Fehlern, die Zuordnung der

Verantwortlichkeiten, Priorisierung, Planung, Überwachung der Fehlerbehebung und die Verwaltung der unterschiedlichen Releases, in denen Fehler behoben werden. Der Einsatz von JIRA hat sich sehr bewährt.

Besonders aufwendig werden die Tests mit einem Offshore-Lieferanten, wenn die Fehlermeldungen vom Lieferanten nicht nachvollzogen oder verstanden werden können. Es ist deshalb unabdingbar, exakte Duplikate der Testumgebungen vor Ort und Offshore vorzusehen. Die dann immer noch nicht nachvollziehbaren Ergebnisse können mittels Videos dokumentiert werden. Dazu wird, während der Fehler reproduziert wird, ein Screen Recorder laufen gelassen, der den Bildschirm als Video aufnimmt.

Im Magellan-Projekt wurde dazu Camtasia von Techsmith eingesetzt. Es ist besonders einfach zu bedienen und die Qualität der Videos ist einwandfrei. Die Videos haben wir direkt als Anhang zu dem Fehlerreport im JIRA beigefügt.

Beim schriftlichen Report ist darauf zu achten, dass man beschreibt, wie der Fehler nachvollzogen werden kann. Auch dazu ein Beispiel:

1. Logge ein mit Testuser1.

2. Wähle das Menü „Kunde anfügen".

3. Fülle alle Felder bis auf das Feld „Ort" aus.

4. Speichere.

⇒ Erwartet wird eine Fehlermeldung, da das Feld „Ort" ein Muss-Feld ist.

⇒ Es kommt jedoch keine Fehlermeldung.

10.4 Eskalation

Auch wenn gute Abnahmetestfälle vorhanden sind, kann es insbesondere während der restlichen Testfälle zu Konflikten kommen. Es ist wichtig, dass diese Konflikte nicht von den operativen Mitarbeitern, den Testern und Entwicklern, ausgetragen werden. Sie sollen ohne Verzögerung eskaliert werden. Ein spezielles Testkonfliktgremium, das aus Vertretern des Auftraggebers und des Lieferanten besteht, klärt, wer welche Kosten trägt.

10.5 Zusammenfassung

Auch die Abnahme und Testphase ist geprägt von intensiver Kommunikation. Daher ist es auch in dieser Phase notwendig, Klarheit zu schaffen und Missverständnisse möglichst zu vermeiden. Dies wird erreicht, indem

- detaillierte funktionale Abnahmefälle beschrieben werden,
- ein konkretes Testverfahren zu den qualitativen Anforderungen definiert wird,
- ein Fehlerrapportierungssystem eingesetzt wird,
- Fehler nachvollziehbar, eventuell sogar mit Videos dokumentiert werden,
- von Anfang an ein Eskalationsverfahren definiert wird.

Indem ein zweistufiges Abnahmeverfahren implementiert wird, kann ein beträchtlicher Teil des Testaufwandes auf den Lieferanten übertragen werden. In der ersten Testphase testet der Lieferant die vorgegebenen Abnahmetestfälle. In einer zweiten überprüft der Auftraggeber die vollständige Funktionalität.

10.6 Checkliste

Wird ein Eskalationsprozedere definiert?	Wichtig
Wurde überprüft, ob die Abnahme vor Ort durchgeführt werden kann?	Wichtig
Werden Änderungen in einen zukünftigen Release übertragen?	Sehr wichtig
Werden die Akzeptanztests automatisiert?	Weniger wichtig
Wird erst ein Release geliefert, der die Akzeptanztests erfolgreich durchlaufen hat?	Sehr wichtig
Sind nicht-funktionale Anforderungen definiert? Wird festgelegt, wie die Erfüllung der nicht-funktionalen Anforderungen bei der Abnahme festgestellt wird?	Sehr wichtig

Gibt es definierte Abnahmetestfälle mit genauen Vorga-   Sehr wichtig
ben aller Input- und Outputdaten? Sind Schnittstellenda-
ten für die Testfälle vorbereitet? Können die Schnittstellen
für die Testfälle bedient werden?

Sind alle Tools vorhanden?   Wichtig
- Wiki
- Web-basiertes Bug Tracking
- Screen Recording
- Versionskontrollsystem
- Diskussionsforum
- Email-Listen

11

Offshore-Entwicklung im Überblick

11.1 Die richtige Vorbereitung

Offshoring sollte nicht aus rein kurzfristigen Motiven, wie z.B. Mangel an Ressourcen, ohne weitere Vorbereitung begonnen werden. Offshoring muss sorgfältig vorbereitet und als strategische Initiative betrachtet werden. Offshore-Projekte abzuwickeln ist mit einer Vielzahl von Risiken verbunden. Nachfolgend wird zusammengefasst, wie auf diese Risiken reagiert werden kann.

Eine Zusammenarbeit mit einem Offshore-Partner bedingt bewusst geregelte Entwicklungsprozesse. Es muss definiert werden, wer wann was liefert und was die Anforderungen an die Lieferobjekte sind. Am effizientesten ist es daher, wenn beide Partner nach einem ähnlichen oder sogar gleichen Entwicklungsvorgehen arbeiten. Als ein moderner Quasi-Standard hat sich dabei der Rational Unified Process (RUP) etabliert. Arbeiten Auftraggeber und Lieferant in Projekten mit dem RUP, besteht ein gemeinsames Verständnis über die im Projekt verwendeten methodischen Begriffe. Die Verantwortung über bestimmte Artefakte ist durch den RUP definiert oder kann rasch geklärt werden.

Eine weitere wichtige Voraussetzung für ein erfolgreiches Offshoring ist die Auswahl eines geeigneten Projektes. Dabei darf ein Projekt nicht eine Vielzahl komplexer Schnittstellen beinhalten, muss genügend groß sein und soll möglichst keine Markt- und Produktrisiken mehr beinhalten.

Projekte, bei denen eine Marktinnovation getestet wird, bei der sich also die Anforderungen ständig ändern oder sogar erst überprüft werden, eignen sich aufgrund der dazu notwendigen hohen Interaktionsintensität nicht für Offshoring. Hingegen eignen sich Projekte mit klar definierten und stabilen Anforderungen wie typischerweise die Migration auf eine neue technologische Plattform.

Es ist durchaus denkbar, dass Offshoring mit kleineren Projekten umgesetzt wird. Nur muss dann das gesamte Projektportfolio eine Größe beinhalten, welche die erheblichen Investitionskosten in eine funktionierende Partnerschaft und die eigenen Prozesse rechtfertigt. Wir empfehlen keine Projekte offshore zu entwickeln, die nicht mindestens 2 Personenjahre Entwicklungsanteil haben.

Das Projekt sollte möglichst wenig komplexe Schnittstellen zu irgendwelchen Umsystemen beinhalten. Dies erhöht den Koordinationsaufwand und führt zu vielen Diskussionen rund um die Verantwortlichkeit von Fehlern. Ein Vorteil ist es, wenn es für das Projekt auch aus anderen Gründen wichtig ist, einen hohen Dokumentationsgrad zu entwickeln. Damit fällt dieser wichtige Kostenfaktor bei den Überlegungen, ob ein Projekt offshore oder nearshore entwickelt werden soll, weg.

Im weiteren Fokus dieses Buches liegen die Schnittstellen zwischen einem Auftraggeber mit dem Offshoring-Partner. Dazu gehören der Vertrag und damit die Regelung der Zusammenarbeit, die Spezifikation, Kontroll- und Überwachungsmechanismen sowie die Abnahme.

11.2 Der richtige Vertrag

Ist ein geeignetes Projekt vorhanden, muss die Spezifikation erarbeitet, das Vertragsmodell ausgewählt und der Vertrag vorbereitet werden. Auf keinen Fall sollte das Verfassen des Vertrages dem Lieferanten überlassen werden.

Bei den Vertragsmodellen unterscheiden wir zwischen Dienstleistungsvertrag und Festpreisvertrag. Sowohl Festpreis- wie auch Dienstleistungsvertrag haben wesentliche Vor- und Nachteile, die sorgfältig abgewogen werden müssen. Ein Festpreisvertrag eignet sich nicht für alle Projekte. Die Erarbeitung und Aushandlung eines Festpreisvertrags braucht Zeit. Die Spezifikation kann während des Projekts nicht mehr wesentlich geändert werden. Dafür kann ein Teil des Termin- und Kostenrisikos auf den Lieferanten abgewälzt werden. Dienstleistungsverträge erlauben hingegen einen raschen Projektstart. Auch in der Anwendung von Dienstleistungsverträgen kann von einer vor Ort anwesenden Offshore-Projektleitung profitiert werden. Die einzelnen Arbeitspakete, die umgesetzt werden, sind wesentlich kleiner als in einem Festpreisvertrag. Es ist aber ein permanent verfügbarer technischer Leader notwendig, der in der Lage ist, den Offshore-Projektleiter zu führen.

Die Produktivitätsunterschiede von Entwicklern sind enorm. Gerade in kleineren Projekten spielt die Produktivität jedes einzelnen Mitarbeiters eine große Rolle. Daher müssen in einem Dienstleistungsvertrag die Mitarbeiter sehr sorgfältig ausgewählt werden. Notwendig ist die Durchführung eines anspruchsvollen Assessments, vor Ort oder per Telefon.

Bei Festpreisverträgen ist die mangelnde Rechtssicherheit das größte Risiko. Die Verträge sind im Streitfall nicht durchsetzbar. Es muss daher eine Vertragsgestaltung gewählt werden, die dem Lieferanten Anreize schafft, den Vertrag einzuhalten, auch wenn es Konflikte gibt. Es gibt vier wesentliche Mechanismen, welche die Voraussetzungen dazu schaffen. Erstens müssen Teillieferungen vorgesehen werden, die jeweils abgenommen werden. Zweitens muss ein Zahlungsplan definiert sein, in dem ein wesentlicher Teil der Zahlung einer Teillieferung erst dann fließt, wenn die Teillieferung erfolgreich abgenommen werden konnte. Verzögerungen müssen durch Abzüge bestraft werden. Drittens fließen Änderungen immer erst in die nächste Teillieferung ein. Damit wird der Entwicklungsprozess stabilisiert und die Gültigkeit der ursprünglichen Offerte beibehalten. Schließlich muss es möglich sein, das Projekt bei unzureichender Erfüllung der Teillieferungen abzubrechen. Mit einer solchen Vorgehensweise wird im Projekt so bald wie möglich erkennbar, wenn ein Lieferant grundsätzlich nicht in der Lage ist, das Projekt in der geforderten Zeit und Qualität umzusetzen. Zudem wird ihn die Nichterfüllung der Abnahmekriterien schmerzen. Der Auftraggeber bleibt am längeren Hebel.

Alle Änderungen fließen in die nächste Teillieferung ein. Der Lieferant muss dann eine folgende Teillieferung offerieren. Da das Projekt abgebrochen werden kann, sind dem Preissetzungsspielraum Grenzen gesetzt.

11.3 Die richtige Spezifikation

Als nächstes muss die Spezifikation erarbeitet werden. Dies gilt auch für eine Entwicklung im Dienstleistungsvertrag. Jedoch wird es sich dabei um kleinere Arbeitspakete handeln, die zuvor spezifiziert werden müssen. Die Klärung der Spezifikation ist in Offshore-Projekten sehr aufwendig. Daher muss eine Spezifikation erstellt werden, die den Klärungsaufwand minimiert. Zudem kann bei einem Offshore-Lieferanten nicht von einem größeren informellen Wissen ausgegangen werden: Er ist selten in die Erhebung der Anforderungen oder in die Erarbeitung der Spezifikation involviert. Bei der Modellierung von Anforderungen und bei der Erstellung einer Spezifikation werden konkrete Abläufe beobachtet, die dann in Form von Use Cases abstrakt beschreiben werden. Damit ein fachfremder Leser eine Spezifikation versteht, muss der Erkenntnisprozess der Anforderungsanalyse und Spezifikation dokumentiert sein. Es ist notwendig das Geschäftsfeld durch die Beschreibung konkreter Szenarien fassbar zu machen. Die Beschreibung der Szenarien kann dann auch für Storyboards und Testfälle wieder verwendet werden.

Grundsätzlich ist es sinnvoll, die Ursachen für Anforderungen aufzuzeigen. Bestehen bei der Spezifikation trotz aller Bemühungen Interpretationsspielräume, kann der Lieferant selbstständig sinnvolle Entscheidungen treffen, wenn er die Ursachen der Anforderungen versteht. Ursachen können am einfachsten aufgezeigt werden, wenn von den Projektzielen ausgegangen wird und bei den Anforderungen gezeigt wird, warum diese zu diesen Projektzielen beitragen.

Gute Testfälle sind für eine verständliche Spezifikation unerlässlich. Sie zwingen den Verfasser dazu, die Anforderungen selbst gedanklich durchzuspielen und zu überprüfen. Sie schaffen eine gewisse Verbindlichkeit, die vor allem in der Abnahmephase wichtig ist.

Als generelles Dokumentationswerkzeug ist ein Wiki sehr geeignet. Änderungen sind jederzeit nachvollziehbar. Es ist für eine Zusammenarbeit zwischen verteilten Teams geradezu prädestiniert.

Auch wenn eine noch so gute Spezifikation vorhanden ist, wird es in den meisten Fällen Sinn machen, dass der Projektleiter und ein Fachvertreter zum Projektbeginn beim Offshore-Lieferanten für allgemeine Klärungen vor Ort sind.

11.4 Der richtige Lieferant

Nachdem ein Vertragsvorschlag vorhanden ist und die Spezifikation ausgearbeitet wurde, kann ein geeigneter Lieferant evaluiert werden. Im Vergleich zu einer Outsourcing-Lieferantenevaluation gibt es wenige und ziemlich offensichtliche zusätzliche Kriterien wie die Zeitverschiebung, politische Stabilität und Erreichbarkeit zu berücksichtigen.

Für ein Offshoring gibt es eine riesige Auswahl an potentiellen Lieferanten. Die kleineren Lieferanten sind meist unbekannt und verfügen in Bezug auf den Auftraggeber kaum über Reputation. Dieser Umstand birgt die Chance und zugleich die Notwendigkeit, dass ein Entwicklungsteam gefunden wird, welches ein ähnliches Projekt erfolgreich umgesetzt hat. In kleineren Projekten spielt die Kompetenz der einzelnen Mitarbeiter eine überragend wichtige Rolle. Sie muss in einem Assessment festgestellt werden.

Grundlage einer partnerschaftlichen Beziehung ist Transparenz hinsichtlich der langfristigen Planung, Annahmen, Erwartungen und Abbruchkriterien. Die Offenlegung dieser Faktoren befähigt beide Partner zur Investition in die Partnerschaft.

11.5 Die richtige Projektorganisation

Nach der Lieferantenevaluation startet die Umsetzung. Dazu muss eine Projektorganisation ins Leben gerufen werden, die mit effizienter Kommunikation offene Fragen klärt, die Motivation der Mitarbeiter sicherstellt und einen aussagekräftigen Projektstatus misst und kommuniziert. Aufgrund der unterschiedlichen Sprachkenntnisse der Mitarbeiter braucht es eine Fokussierung der Kommunikation auf die Projektleiter, welche die Schnittstelle zwischen den Unternehmen bilden. Erstens muss daher der Projektleiter fachliche Kenntnisse mitbringen oder über einen direkten Zugriff auf solche verfügen und zweitens muss er so weit wie möglich bei administrativen Aufgaben unterstützt werden.

Auf Statusberichte sollte man sich in Offshore-Projekten nicht verlassen. Viel eher sind objektive Messkriterien zur Feststellung des Status zu definieren und zu erheben. In der Praxis wird dies am einfachsten direkt durch Code Reviews erreicht. Diese werden am besten durch einen Softwarearchitekten vorgenommen, der direkt dem Steering Board unterstellt ist.

Gegenseitige Besuche fördern die Motivation und schaffen eine wichtige Basis, auf die bei Konflikten zurückgegriffen werden kann. Sie sind unabdingbar, auch für Vertreter der Steering Boards.

Der richtige Einsatz von Kommunikationsmitteln wie Telefonkonferenzen, Chat, Diskussionsforen, Videos, Übernahme des gegenseitigen Bildschirms, Versionskontrollsystemen und Problem-Management-Systemen schaffen das Potential für eine effiziente und fehlertolerante Abwicklung.

11.6 Die richtige Abnahme

Das größte Konfliktpotential beinhaltet die Abnahmephase. Sowohl Fehler der Spezifikation wie auch der Implementation treten auf. Dann muss entschieden werden, wer die Verantwortung trägt und somit die Kosten übernimmt. Werden Fehler in der Spezifikation festgestellt und ad hoc korrigiert, verwässern sich die Abnahmekriterien. Sinnvoll ist es, von Anfang an ein Zusatzrelease einzuplanen, bei dem Fehler in der Spezifikation behoben werden. In der eigentlichen Abnahme werden nur Fehler der Umsetzung in Angriff genommen. Damit bleiben die Abnahmekriterien stabil und verbindlich.

Um ein bestimmtes Qualitätsniveau des Abnahmekandidaten sicherzustellen und möglichst viele Koordinationskosten bei der Abnahmephase zu vermeiden, wird ein zweistufiges Abnahmeverfahren vorgeschlagen. In einer ersten Phase werden sorgfältig erarbeitete und für den Lieferanten selbst überprüfbare Abnahmetestfälle vorgegeben. In einer zweiten Abnahmephase überprüft der Auftraggeber die restlichen Abnahmefälle.

Die Qualität der Abnahmekriterien spielt in der Abnahme überhaupt eine entscheidende Rolle. Besonders anspruchsvoll ist die Abnahme von qualitativen Anforderungen. Will man diese überprüfen, muss bei der Spezifikation der qualitativen Anforderungen auch ein Messverfahren definiert werden. Dies kann unter Umständen erhebliche Zusatzfunktionalitäten notwendig machen.

Um den operativen Vorgang der Abnahme möglichst wenig zu belasten, ist ein separates Eskalationsgremium zu definieren, welches über die Kostenübernahme von Fehlern verhandelt.

12

Übersicht Checklisten

In Anlehnung an RUP werden abschließend Checklisten zu den einzelnen Disziplinen des Software-Engineerings für Offshore-Projekte aufgelistet.

12.1 Projektmanagement-Workflow

Ist das Projekt für Offshoring genügend umfangreich oder Teil eines Projektportfolios? Bestehen nicht zu viele Schnittstellen zu Umsystemen?	Sehr wichtig
Wurden Teillieferungen definiert, deren Entwicklung 1–3 Monate dauert und mittels Testfällen abgenommen werden können?	Sehr wichtig
Wurde die Umsetzung derjenigen Teillieferungen mit hohem Risiko als erstes geplant?	Wichtig
Wurde genügend Zeit für die Abnahme und Korrekturen nach den Teillieferungen eingeplant?	Sehr wichtig
Wurde eine zusätzliche Teillieferung für Änderungen in der letzten Teillieferung eingeplant?	Wichtig
Wurde das Management über die Risiken und Kosten des Offshorings sorgfältig aufgeklärt?	Sehr wichtig

Wurden die Change- und Konfigurationsmanagementprozesse definiert und mit allen relevanten Parteien, inklusive dem externen Lieferanten, abgesprochen?	Wichtig
Wurden Review-Prozesse und Controlling-Maßnahmen definiert und wird deren Durchführung überwacht? Stellen die Controllingmechanismen eine objektive, von den Statusreports unabhängige Feststellung des Projektstatus sicher?	Sehr wichtig
Wird sichergestellt, dass die Ergebnisse der Reviews an das Steering Board gelangen?	Wichtig
Ist sich das Steering Board seiner wichtigen Rolle im Offshoring-Projekt bewusst?	Sehr wichtig
Wurden gegenseitige Besuche für einzelne Mitglieder des Projektteams und des Steering Boards geplant? Wurden dabei die Terminverzögerungen durch die Beschaffung der notwendigen Visa berücksichtigt?	Wichtig
Verfügen Sie über einen kompetenten Softwarearchitekten? Er kann auch extern sein.	Wichtig
Wird eine Single-Point-of-Contact-Kommunikation zwischen den Projektleitern etabliert?	Wichtig
Verfügt der Projektleiter über genügend Kapazität? Steht ihm ggf. eine Projektassistenz zur Verfügung?	Wichtig
Verfügt der Projektleiter über genügend fachliches Knowhow um laufende Fragen zur Spezifikation beantworten zu können?	Wichtig

12.2 Requirements-Workflow

Sind die Anforderungen für die spezifizierte Software stabil? Wurde dies durch Einbezug aller betroffenen Stakeholders, verständliche, auf Szenarien basierende horizontale Prototypen und vertikale Prototypen sichergestellt?	Sehr wichtig

Beinhaltet die Spezifikation eine Beschreibung des Auf-   Wichtig
traggebers, eine Beschreibung der wesentlichen Business-
Ziele des Projektes, eine grobe Beschreibung des
Geschäftesfeldes der zukünftigen Benutzer, eine Be-
schreibung des Kundennutzens und andere wichtige
Überlegungen, die das Produkt geprägt haben?

Beinhaltet die Spezifikation konkrete Szenarien?   Sehr wichtig

Werden die Szenarien auch für Testcases und Storyboards   Wichtig
verwendet?

Wurde ein Domainmodell oder Klassenmodell vorgege-   Wichtig
ben?

Ist die Spezifikation des UI hinreichend genau und   Wichtig
vollständig? Werden beispielsweise bei den User-
Interface-Prototypen folgende Elemente definiert?

- Grafische Styleguides
- Typen und Längen aller Felder
- Anzeigeformatierung von Feldern
- Defaultwerte
- Validierungsbedingungen
- Fehlermeldungen
- Fehlerbehandlung
- Ausgangsbedingungen beim Laden des UI
- Tastaturbedienung inkl. Tab-Reihenfolge
- Listeninhalt von Auswahlfeldern
- Performance-Anforderungen
- Übersetzungen bei mehreren Sprachen
- Bilder

Sind für externe Schnittstellen Simulationsprogramme   Sehr wichtig
vorhanden? Oder hat das Entwicklungsteam eine Test-
version der Schnittstelle inkl. Testdaten?

Gibt es eine detaillierte Schnittstellendefinition?   Wichtig

Sind Testdaten vorhanden? Wurde eine Datenbank mit Testdaten vorbereitet?	Wichtig
Sind nicht-funktionale Anforderungen definiert und, wenn ja, wie? Wird festgelegt, wie die Erfüllung der nicht-funktionalen Anforderungen bei der Abnahme festgestellt wird?	Sehr wichtig
Gibt es definierte Abnahmetestfälle mit genauen Vorgaben aller Input- und Outputdaten? Sind Schnittstellendaten für die Testfälle vorbereitet? Können die Schnittstellen für die Testfälle bedient werden?	Sehr wichtig
Sind Testscripts für automatisierte Abnahmetestfälle vorhanden?	Sinnvoll
Beinhaltet die Spezifikation Vorgaben an die Applikationsarchitektur und Vorgaben zum Design und den Codierungsstandards?	Wichtig
Beinhaltet die Spezifikation Vorgaben an die zu verwendende Entwicklungssprache, Funktionsbibliotheken, Frameworks und andere Werkzeuge wie Entwicklungsumgebung, Versionskontrollsystem, Testtool und Datenbank?	Wichtig
Beinhaltet die Spezifikation Vorgaben zum Mengengerüst, zu Reaktionszeiten, Ausfallsicherheit und Sicherheitsrichtlinien?	Sehr wichtig
Beinhaltet die Spezifikation Vorgaben zur Laufzeitumgebung und zum Betrieb, also zur Infrastruktur und zum Deployment?	Sehr wichtig
Beinhaltet die Spezifikation System- und Wartungsfunktionalitäten?	Sinnvoll
Wird die Dokumentation mit einem Wiki dokumentiert?	Sinnvoll
Wird ein Versionskontrollsystem eingesetzt?	Sehr wichtig
Wird sichergestellt, dass auch Präzisierungen in die Spezifikation einfließen?	Wichtig

12.3 Lieferanten- und Vertrags-Management

Wurden bei der Auswahl der Liste potentieller Lieferanten
nicht-offshore-spezifische Aspekte berücksichtigt? Wichtig

- Finanzielle Stabilität
- Prozess- und Methodenkompetenz
- Teamqualifikation
- Technische Kompetenz
- Management-Kompetenz
- Know-how in der Branche
- Stundensätze (Offerte)
- Größe
- Verfügbarkeit
- Akzeptanz der Vertragskriterien
- Referenzen und Reputation

Wurden bei der Auswahl der Liste potentieller Lieferanten
offshore-spezifische Aspekte berücksichtigt? Wichtig

- Erreichbarkeit
- Zeitverschiebung
- Sprachkenntnisse

Wurden Referenzen äußerst sorgfältig überprüft? Wichtig

Hat der Lieferant erfolgreich ähnliche Projekte umgesetzt. Wichtig
Ähnlich hinsichtlich:

- Technologie
- Größe
- nicht-funktionalen Anforderungen

Sind die Voraussetzungen für einen Festpreisvertrag Sehr wichtig
erfüllt?

- Stabile Anforderungen
- Vollständige und genaue Spezifikation
- Zeit für Vertragsverhandlungen

Verfügen Sie im Fall eines Dienstleistungsvertrages über geeignete technische Führungskräfte?	Sehr wichtig
Wählen Sie die Offshore-Mitarbeiter sorgfältig mittels eines Assessments aus?	Sehr wichtig
Beinhaltet der Festpreisvertrag Ausstiegsoptionen?	Sehr wichtig
Beinhaltet der Festpreisvertrag Teillieferungen?	Wichtig
Beinhaltet der Festpreisvertrag finanzielle Regelungen zu verspäteten Lieferungen, die durchsetzbar sind?	Sehr wichtig
Beinhaltet der Festpreisvertrag finanzielle Regelungen bei ungenügender Lieferung, die durchsetzbar sind?	Sehr wichtig
Sind die Abnahmekriterien für jede Teillieferung klar definiert?	Wichtig
Wurden die Annahmen, die langfristige Planung und die Abbruchkriterien transparent gemacht?	Wichtig

12.4 Construction

Sind Coderichtlinien vorhanden?	Wichtig
Wird die Einhaltung der Richtlinien und Architektur durch einen unabhängigen Spezialisten überwacht?	Wichtig
Werden Code-Änderungen mit sinnvollen und verständlichen Änderungsberichten eingecheckt?	Wichtig

12.5 Testing

Wird ein Eskalationsprozedere definiert?	Wichtig
Wurde überprüft, ob die Abnahme nicht vor Ort durchgeführt werden kann?	Wichtig

Werden Änderungen in einen zukünftigen Release übertragen?	Sehr wichtig
Werden die Akzeptanztests automatisiert?	Weniger wichtig
Wird vom Lieferanten erst ein Release geliefert, der eine Menge von genau definierten Akzeptanztests, die der Lieferant selbst überprüfen kann, erfolgreich durchlaufen hat?	Sehr wichtig

12.6 Change- und Configuration-Management

Wird von der Spezifikation zu Projektstart eine Baseline gezogen?	Wichtig
Werden alle Änderungen an der Spezifikation ab der Baseline dokumentiert?	Sehr wichtig
Wird das Einverständnis zu allen Änderungen des Lieferanten eingeholt?	Wichtig
Werden Änderungen, die gemäß Lieferant Einfluss auf Kosten und Termine haben, auf die nächste Iteration verschoben?	Wichtig
Werden Änderungen, die gemäß Lieferant Einfluss auf Kosten und Termine haben, durch ein Change Board bewilligt?	Wichtig
Werden täglich alle Änderungen am Source Code in das Versionskontrollsystem eingespielt?	Wichtig

12.7 Infrastruktur

Sind alle Tools vorhanden?   Wichtig

- Wiki
- Web-basiertes Bug Tracking
- Screen Recording
- Chat
- Versionskontrollsystem
- Diskussionsforum
- Email-Listen

Haben alle Zugriff auf eine zentrale Testinfrastruktur?   Wichtig

Literaturverzeichnis

Amberg, M.; Wiener, M. (2006): „IT-Offshoring. Management internationaler IT-Outsourcing-Projekte". Physika-Verlag.

Becker, M. (2006): „IT-Offshoring – Potenziale, Risiken, Erfahrungsberichte". Orell Füssli Verlag

Berry, J. (2006): „Offshoring Opportunities – Strategies and Tactics for Global Competitiveness". John Wiley & Sons

Blinder, A. (2006): „Offshoring: The Next Industrial Revolution?", in: Foreign Affairs, Vol. 85, No.2, March/April, S. 113-128.

Blunden, B. (2004): „Offshoring IT – The Good, the Bad, and the Ugly". Apress Washington

Böhm, B. et al. (2000): „Software Cost Estimation with Cocomo II". Addison-Wesley

Carmel, E.; Tija. P. (2005): „Offshoring Information Technology – Sourcing and Outsourcing to a Global Workforce". Cambridge University Press

Cockburn, A. (2004): „Crystal Clear. A Human-Powered Methodology for Small Teams". Addison-Wesley Longman

Ebert, Christoph (2005): „Outsourcing kompakt – Entscheidungskriterien und Praxistipps für Outsourcing und Offshoring von Software Entwicklung". Spektrum Akademischer Verlag

Erber, G., Aida Sayed-Ahmed (2005): „Offshore Outsourcing – A Global Shift in the Present IT Industry", in: Intereconomics, Volume 40, Number 2, March, S. 100–112, [1]

Farrell, Diana et al. (2005): „The Emerging Global Labor Market: Part II – The Supply of Offshore Talent in Services". McKinsey Global Institute.

Friedman, T. (2006): „The World is Flat, The Globalized World in the Twenty-First Century". Penguin Books

Larman, Craig (2005): „Applying UML and Patterns – An introduction to Object-Oriented Analysis and Design and Iterative Development". Prentice Hall

McConnell, Steve (2006): „Software Estimation. The Black Art Demystified". Microsoft Press Corp.

Meyer, Thomas (2006): „Offshoring an neuen Ufern: Nearshoring nach Mittel- und Osteuropa". Economics Nr. 58. Deutsche Bank Research.

Nagesh Kumar (2001): „National Innovation Systems and the Indian Software Industry Development". A Background Paper for, World Industrial Development Report.

Schaaf, Jürgen (2005): „Outsourcing nach Indien: der Tiger auf dem Sprung". Aktuelle Themen Nr. 335. Deutsche Bank Research.

Schaaf, Jürgen und Mathias Weber (2005). „Offshoring-Report 2005: Ready for Take-off". Economics Nr. 52. Deutsche Bank Research.

Thondavadi, N.; Albert, G. (2004): „Offshore Outsourcing – Path to New Efficiencies in IT and Business Processes". 1st Books

Vallett, J and McGarry, F.: „A Summary of Software Measure Experiences in the Software Engineering Laboratory". Journal of Systems and Software, 9 (2).

Versteegen, G.; Kruchten, P. und Boehm, B. (2000): „Projektmanagement mit dem Rational Unified Process". Springer

Wiegers, Karl (2003): „Software Requirements". 2nd Edition, Microsoft Press.

Wiegers, Karl (2006): „More About Software Requirements: Thorny Issues and Practical Advice". Microsoft Press

Sachverzeichnis

Printed in the United States
By Bookmasters